中小學生必讀的趣味故事

美好的閱讀經驗
幽默的人生態度

教育部國語文輔導團召集人 孫劍秋
台北教育大學語文與創作學系教授 林文韵
強力推薦！

編著◎吳淑芳、吳惠花、忻詩婷　漫畫◎古氏

推薦序一：

從閱讀遇見趣味的生命

「貧者因書而富，富者因書而貴。」閱讀文本，不僅學習文字本身的排列組合與音韻之美，同時欣賞文本中人物刻劃及劇情起伏的鋪陳展現，最終目的更是希望透過文字與生命的互相建構過程，促成個人心智的成長與生命的成熟。

所謂「腹有詩書氣自華」，書能使我們的心靈昇華，找到生命盎然的泉源。因此，文學的閱讀猶如生命的展演，文本中的喜怒哀樂、恩怨情仇、意識型態、價值判斷，無一不深深牽動我們的生命。

近年來由於影音媒體氾濫，從而瓜分學童大量的閱讀時間，不僅影響學童閱讀能力之發展，甚且導致學童在聽、說、讀、寫表現能力下降。所以，《中小學生必讀的趣味故事》即希望藉由文學的閱讀，提升孩子的語文能力，並希望讓孩子在開懷閱讀之餘，享受故事中獨特的智慧與幽默；在面對人生中許多尷尬的處境，學習幽默以對，有能力選擇釋懷與放下。除此之外，也準備了一些問題，透過問題進入深層的思考，幫助小讀者咀嚼故事的道理，掌握文章的主旨。每篇故事另有寫作教學設計，讓學童延伸寫作練習，提升學童的語文程度。

本書精選十八篇有趣的故事，包含寓言故事、成語故事、童話故事等。〈虎怕漏〉是指面臨陌生事物時，思考用怎樣的態度去面對它。〈拿飯匙抵貓〉在面對別人的陰謀詭計時，能用巧妙靈活的回應方式，讓陰謀詭計落空，甚至讓惡人嘗到苦果；〈小貓不工作〉是指當朋友犯錯時，利用較為宛轉的方法，讓朋友在不被傷害的情況下，引導他們改過。〈鍾家兄弟巧應答〉能適時說出得體合宜的言語，不僅可以化解場面的尷尬，保持氣氛融洽，更因為聰敏機智的回應，讓人留下深刻印象。

《中小學生必讀的趣味故事》是一本有吸引力的讀物，具有以簡馭繁的效果，且適用性廣、趣味性高。希望老師和家長們共同協助我們的孩子走入閱讀王國，享受閱讀樂趣，培養閱讀的習慣，也引導學生從無數有趣的故事中，用機智幽默的言語回應愚昧和無知；在面臨苦難時，以泰然自若的心情笑迎一切。

教育部國語文輔導團召集人
孫劍秋

推薦序二：思考、閱讀、寫作

在百忙之中匆匆瀏覽此書，本以為即可掌握全書概要，誰知道開始閱讀後，卻被一則一則的故事吸引，不僅欣賞有趣的情節，也感受人物刻劃的鋪陳展現，再再觸動我的好奇心。我相信閱讀此書的孩子們必能在「真的耶！」、「怎麼可能？」、「太神奇了！」的驚呼聲中，不知不覺孕育出良好的閱讀習慣。

《中小學生必讀的趣味故事》精選了寓言、成語、童話等各類型故事，內容多元且富創意。作者掌握趣味故事的衝突性，吸引孩子閱讀的情懷，進一步引導孩子化解尷尬，靈活解決複雜之事，甚至運用「大智若愚」的智慧來維持和諧氣氛，將讀者一步步帶入細膩的思維。尤其當讀者百思不得其解時，忽然蹦出的機智應答，解開故事的謎題，激發孩子最大的閱讀動力。我從此書看到作者對閱讀的期待，對學生的用心，對教學的關心。

這本書中，作者設計了不同層次的閱讀提問，除了培養學生的閱讀習慣外，也期望帶著學生通過文字理解故事內容，體會思想感情，幫助孩子深度思考，進而掌握故事的主旨。針對閱讀文本規劃的寫作練習，是從文本中分析相關寫作特點、文本結構，提供讀者描寫人物、說明事理、適時運用感官描寫等寫作技巧，讓文字呈現畫面，最終提升學童的語文程度。

《中小學生必讀的趣味故事》不只是為中小學生而寫的書，更希望親子和師長透過提問誘導，與孩子進行熱烈的腦力激盪、理解、澄清、分析、批判文本，讓孩子在紛亂混沌中，綜攬故事的全局，對故事的安排豁然開朗，成為一位有思考的閱讀者。每一篇故事還設計四格漫畫，運用圖像輔助故事傳達的概念，協助讀者輕鬆了解故事重點。本書隨處可見創意，並能有效啓發孩子的多元思考，訓練學生「歸納整理」與「多元聯想」之有效策略。

相信《中小學生必讀的趣味故事》對閱讀之向上提升，以及創意與多元思維的具體落實。用「心」閱讀，用「智」思考，用「圖」解文，是本書的特色。衷心期盼藉由這本書，能開啓孩子不同的閱讀視窗，開展閱讀視野，並提升寫作能力。

台北教育大學語文與創作學系教授
林文韵

作者序：趣味人生，海闊天空

《中小學生必讀的趣味故事》期望帶著孩子從故事的趣味，還有故事的驚奇轉變，能「津津有味」的閱讀，不斷發出讚嘆，最後笑迎一切。在現今偏重智育發展與升學導向的教育體系之下，許多學子茫茫然的上學、考試，放學後忙著去補習班，一到假日，在家人期望中還必須學習所謂多元發展的才藝。孩子不盡然了解求學的價值，不明白忙碌的目的為何，甚至對於他們活著的意義也是一頭霧水。《中小學生必讀的趣味故事》為孩子打開一扇扇的窗，為孩子開啓一道道的門，像尋寶似的帶領他們走進趣味故事的殿堂，窺其奧，得其妙。

這本書適合中老年人、老師、年輕人閱讀，更適合孩子們閱讀。甚至還可以用朗讀的方式，講給更小的孩子聽。我們選了一些故事，有的是成語故事，有的是寓言故事，還有一些童話故事，每個故事都傳達不同的道理，每個故事有趣的地方都不同。〈名落孫山〉在遇到尷尬的窘境時，要如何不口出惡言，運用機智幽默避免傷害到他人；〈傻小子貝里科〉讓我們一邊檢視貝里科滑稽可笑的所作所為，一邊反省在現實生活中，我們是不是也有未經過思考的衝動，而在做事時得到失敗的後果；〈大樹作證〉的阿凡提巧妙的假借「樹證人」來作證，並且以智勇兼備的方法拆穿何烏華的西洋鏡。

另外，還準備了和故事配合的趣味漫畫，以增進圖像型兒童理解故事的內容；也準備了「錦囊妙計」幫助小朋友明白故事的道理；「隆中對策」是進階的問題，請老師或父母親和孩子討論；「妙筆生花」是寫作練習，希望孩子也能有基礎的寫作練習。最後附上整本書的導讀重點、閱讀提問、閱讀層次、寫作層次、寫作練習的檢視表，幫助孩子更明白全書的結構。

這本書的創作目的在於能夠給孩子一個美好愉悅的閱讀經驗，燃起孩子閱讀的熱情，培養閱讀的習慣，希望孩子不要對閱讀卻步，不要對學習灰心，涵養出足夠的能力，在國際競爭中，贏得自己一席之地。更盼望讀者從饒富趣味的故事中，習得以開闊的心胸來面對困境，在絕望之中帶來希望的亮光！趕快打開這本書，一起來看看吧！

吳淑芳、吳惠花、忻詩婷

目錄

Contents

晏子使楚

想一想

俗話說：「人不可貌相，海水不可斗量。」告誡我們不應該由外表去評斷一個人的價值。想一想，如果我們單從外貌判斷一個人的好壞優劣，是否會遺漏這個人的其他特質，並透露出自己的淺薄無知呢？

請聽我說

本故事選自《晏子春秋》，記述晏子作為齊國使者訪問楚國的過程。當他晉見楚王的時候，膚淺的楚王用輕蔑的話語譏諷晏子，除了對晏子人身攻擊之外，更乘機貶抑了齊國。然而，晏子憑著過人的機智和靈敏的臨場反應，不僅使用得體的外交辭令回應楚王，更保固了齊國的國威，讓楚王認為齊國人才濟濟，而不敢侵犯齊國。晏子不僅強力維護住國家的尊嚴，更塑造了一位雄辯和智慧的外交家形象。

閱讀的時候，我們可以思考維護國家尊嚴的重要性，以及要怎樣破除外貌上的迷思，讓別人刮目相看，打從心底的尊敬你？

選文

晏子作為外交官出使楚國。楚國人見晏子身材矮小而鄙視他，刻意打開城門旁的小門讓晏子進入，而不遵守正當的外交禮儀，請晏子從正門進入宮廷。晏子看到這種情況，堅決不從小門進去，他說：「如果是出使狗國，才應該從狗門進入。今天我出使的是楚國，不應該由此門進入吧！」接待晏子的楚國使者，這時才一臉羞愧的請晏子從正門進入。

然而，楚國上下似乎故意想要羞辱晏子，當晏子晉見楚王的時候，楚王問他：

「你們齊國難道沒有人才了嗎？不然為何命令你當使者呢？」晏子說：「齊國的國都臨淄城繁華興盛，人們只要張開衣袖，就能蔽日成蔭；揮袖拭汗，便能揮汗成雨；百業興隆，路上熙來攘往，摩肩接踵，怎麼能說沒有人才呢？」

楚王就說：「既然楚國人才濟濟，那為什麼要派任你來呢？」晏子回答：「我們國君派遣使者，各有其出使的對象。賢能才善的人，便出使晉見才德兼備的國君；才德平庸的人，便出使晉見平庸無能的國君。我是外交官之中才能最低下的，所以被任命來拜訪楚王您。」

錦·囊·妙·計

一、為什麼楚人只開放小門讓晏子進入呢？

二、如果你是晏子，當別人當眾羞辱你時，你會怎麼做呢？

三、如果你是楚王，當晏子運用機智來回應你輕蔑的羞辱時，你會做何感想？

隆中對策

一、你會按照外貌去評斷一個人的價值嗎？如果不會，我們又應該以什麼標準來評論一個人呢？

二、從這則故事中，哪裡可以看出晏子具有外交官的特質呢？

三、你會因外貌上的缺陷而自卑嗎？讀完〈晏子使楚〉的故事，你有什麼感想？

●作文教室：擬定記敘文的大綱

1. 按時間先後：

先發生的事情寫在前面，後發生的事情寫在後面。以「教室裡的一天」為例，就以「早晨」、「中午」、「放學」的活動作為文章發展的次序。

2. 以事情過程：

一件事情的發生，按照「原因」、「過程」、「結果」的次第進行。以此方式訂大綱，最四平八穩，再加上一段感想或影響，全文就不會遺漏任何重點。

3. 重點前置法：

從最精采的地方下筆。例如：寫風景從最漂亮的地方開始寫起，再鋪陳其他景色。

◎牛刀小試

我們已經學習到晏子高EQ的口才表現，現在請以「一次爭吵的經驗」為題，練習寫大綱。

....

....

....

....

漫畫

齊國的外交官竟然如此矮小，我看開小門讓他進去即可。
我說晏子啊！以你的身高從小門進去就可以了吧！
想必楚國人都很矮吧！不然門怎麼都如此小呢？
這……
齊國人才濟濟，怎麼會派你這種人來？
因為是參見平庸無能的國君，所以本國派才能低下的我來。

名落孫山

想一想

常諺說：「良言一句三冬暖，惡語傷人六月寒。」透露出人與人相處之間，進退應對的重要性。我們要謹記常說好話，做好事，但遇到尷尬的窘境時，我們又要如何避免口出惡言，不傷害到他人呢？

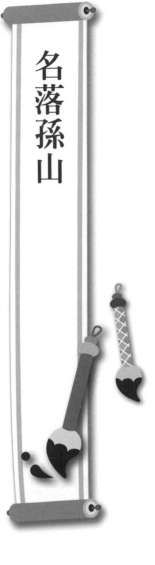

請聽我說

本成語出自宋朝范公偁的《過庭錄》。「名落孫山」雖被後人引用為考試落榜、應試未取的意思，但故事內容實際上在告訴我們如何運用「說話的藝術」。當我們要告知朋友一件壞消息時，我們是否能設身處的為對方著想，並同樣懷抱著真誠的心，宛轉並且巧妙的讓當事人知道實情，而不至於太傷心呢？故事中的孫山就運用靈敏的心思和幽默風趣的話語，委婉的將朋友兒子科舉落榜的事實告知他，不僅讓朋友釋懷，也避免孫山名列在朋友兒子之前的尷尬。

我們在閱讀故事時，可以思考為什麼孫山要用委婉風趣的話語告知朋友不利的消息，如果孫山直接說出朋友兒子落榜的事實，那他的朋友會作何感想呢？

選文

宋朝時，有個叫孫山的讀書人，他不僅頭腦聰明、思慮敏捷，更是幽默風趣，因此得到一個「滑稽才子」的稱號。有一年，他要到別的郡縣參加科舉考試，同鄉的朋友拜託他帶著其子一同前往應考。考試放榜，同鄉人的兒子並未考取功名，而孫山則是錄取榜單上的最後一名。

後來孫山先行啟程回到故鄉，同鄉人便急切的向他詢問自己兒子的成績，孫山一方面為了避免鄉人知道實情過度傷心，另一方面又想避免自己考試成績優於鄉人之子的尷尬，便運用他的風趣與機伶的口才回答說：「榜上的盡頭是我孫山，而你的兒子落在孫山之後。」後代人聽到這則故事，久而久之便把「名落孫山」當作參加應考卻失敗落榜的成語了。

錦·囊·妙·計

一、為什麼孫山會擁有「滑稽才子」的稱號？

二、「名落孫山」是考試落榜的意思，請問孫山究竟有沒有上榜呢？說一說此成語的典故。

三、孫山為什麼要用風趣幽默的委婉口語，說出鄉人之子落榜的消息呢？

隆中對策

一、如果孫山直接說出朋友的兒子不僅輸給孫山，且失敗落榜的事實，朋友的心裡會作何感想呢？

二、如果你要向朋友陳述一件令他感到遺憾的事實，你會怎麼做呢？

三、請運用成語「名落孫山」造一個句子。

●作文教室：正確分段

介紹景點，可以依地點、時間、景物來分段。

介紹物品，可以依物品的外觀、來源、功用來分段。

描述一件事情，可以依原因、過程、結果來分段。

每一段落不僅要完整表達段旨，還要跟全文的中心思想緊扣連結，如此文章便不會支離破碎。

◎牛刀小試

請以「月考過後」為主題，想想看要如何分段。

第一段：……………………………………………………

第二段：……………………………………………………

第三段：……………………………………………………

第四段：……………………………………………………

漫畫

路上小心啊！
老婆！再見！
好友！我們出發啦！
榜
王
白
張三
李四
團團
圓圓
孫山
榜單出來啦！大家快看。
嘩！
啊！
呀！
別擠啊！
你自己小心，我先回去了。
孫山！你回來啦。我兒呢？他考得怎樣？
榜上的盡頭是一座山，而你的兒子落在這座山之後喔！
我知道了……

杯弓蛇影

想一想

俗話說：「一朝被蛇咬，十年怕草繩。」人們常常因為自我的心理因素而產生不必要的驚疑恐懼。然而，如果我們不小心陷入「庸人自擾」這種不合理的情緒，該怎麼找出恐懼的來源，然後設法克服它呢？

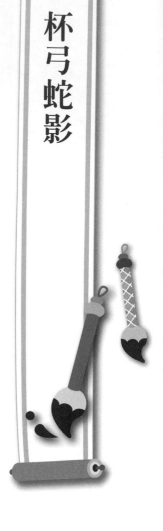

請聽我說

本成語出自漢朝應劭《風俗通義》。「杯弓蛇影」主旨雖在告誡我們不需要因為子虛烏有的事情而迷惘，進而產生恐懼；但一方面也傳達出人們常因為一些看似莫名其妙的怪異現象，而出現猶豫、驚懼甚至恐怖情緒的現象。我們應該先撫平恐懼的情緒，好好靜下心來，仔細找尋怪異現象背後的真正原因，如此，就會發現這些恐怖的現象，很多時候都是我們恐懼心理的誇張跟放大而已。

閱讀故事前可以先想一想，如果自己遇到看似不能解釋的怪異現象時，會如何處理呢？

選文

東漢時代，汲縣的縣長應郴宴請下屬杜宣。杜宣在喝酒時，懸掛在牆壁上一張赤紅色的弓，正好映射在他酒杯的酒水之中。杜宣猛然一看，以為酒中有一條蛇在游動，他感到非常害怕，但基於對長官的禮貌，不敢不飲下杯中的酒。回家後，肚子便感到劇痛，食不下咽，身體日漸虛弱以致生病，怎麼醫治都無法康復。應郴聽到杜宣生病的消息便來探視下屬，並詢問他生病的原因，杜宣就說一切都是飲下酒杯裡面的蛇所造成的結果。

應郴回到官府之後，想了許久，再環顧四周環境，發現掛在牆壁上的紅弓，正是造成杜宣酒杯中出現蛇的原因。於是，應郴再度命人請杜宣來此處喝酒，當酒杯裡面再次出現蛇時，應郴就向杜宣解釋道：「這是弓弩的影子映入杯中，並非有怪異的現象。」杜宣明白此事，心中的恐懼頓時消失，而身體的病痛也不藥而癒了。後人把「杯弓蛇影」的故事沿用為成語，比喻為實際上根本不存在的事情妄自恐懼。

錦·囊·妙·計

一、為什麼杜宣的杯子裡面會有蛇呢？

二、為什麼應郴要再次在同一個地方宴請杜宣喝酒呢？

三、杜宣明明沒喝下蛇，為什麼還會感到肚子痛，甚至日漸虛弱呢？

隆中對策

一、請問你是否有過為不存在的事情而妄自煩惱的經驗呢？

二、水中所顯現的影像與鏡子所顯現的影像有何不一樣？請敘述出來。

三、請運用成語「杯弓蛇影」造一個句子。

●**修辭小學堂：引用法**

引用別人的文章、詩句、詞句時，一定不能弄錯其真正的意涵。引用之後，最好深入說明其中的意義，或表達自己的感想，如此才能將引用的材料，表現得靈活、生動。

範例：

「欲窮千里目，更上一層樓」，我們在校求學，要時時提醒自己，每天都要不斷進步。

◎牛刀小試

下列是與「杯弓蛇影」相似的成語，先分辨下列成語的意義，再引用於短文〈我最害怕的事情〉中。

風聲鶴唳、驚弓之鳥、觸目驚心、大驚失色

....

....

....

....

....

漫畫

杜宣啊！我應郴有你這種部下真是我的福氣。今天我作東，美酒佳餚多的是，盡量吃盡量喝。
謝大人賞識。
噴！這酒裡好像有東西？
杯子裡……有…有蛇啊~~~~~~~！
杜宣臥病在床……滿腦都是蛇的樣子。
嘶~~
杜宣，那只是弓的影子倒映在杯中而已，才不是蛇呢！
原來是這樣啊！

老鼠娶親

想一想

南宋詞人辛棄疾的〈青玉案〉寫道：「眾裡尋他千百度，驀然回首，那人卻在，燈火闌珊處。」在茫茫人海中好高騖遠的追求遙不可及的夢想，等到靜下心來反省、度量自己的能力，檢視自己擁有的幸福，才猛然發現，原來最珍貴的資產其實是身邊的事物。仔細品味上面那首詞，你會不會有特別的感觸呢？

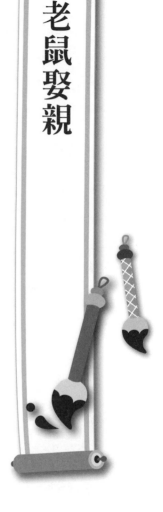

請聽我說

本故事改編自中國童話〈老鼠娶親〉，這篇有趣的故事蘊藏了深刻的人生哲理。好高騖遠的老鼠國國王想要替小女兒挑選一個才華出眾、能力卓越的終身良伴，但是從一開始就不自量力，把照耀世界的太陽、無拘無束的雲、大聲歌唱呼嘯的風、屹立

不搖的牆都當作駙馬的人選，卻不知原來最適合公主的，其實是無時無刻陪伴在她身邊，又性情相投，能一起建築幸福未來的同類——老鼠。

閱讀故事之前，我們可以思考：空有夢想，卻不衡量自己實力程度的人，最後會遭遇怎樣的結果呢？

選文

很久以前，在一個老鼠國裡，老鼠國王和皇后的小女兒成年了。小女兒珊珊從小就很可愛、聰明體貼、善解人意，是全國鼠民心中的掌上明珠，因此她成年時的婚禮，自然成為舉國關注的焦點，臣民們都給國王很多結婚的參考人選，舉凡老鼠、狗、鳥……等等，無奈珊珊喜歡的卻是貓界王子波波。貓王子波波的個性直率幽默、驍勇善戰，珊珊深深被波波吸引，但是受歡迎的波波風流成性，一點也沒有把珊珊的愛意放在眼裡，因此傷透了珊珊的心。國王對波波非常不諒解，所以堅決不讓珊珊嫁給波波，他決定幫珊珊找到一個更優秀的如意郎君，於是，國王便開始四處探聽世界上最優秀的新郎人選。

很快的，很多人跑來向國王說，能照耀大地的太陽是世界上最偉大的人，於是國王就去跟太陽說：「太陽先生，你是世界上最偉大的人，我想把女兒珊珊嫁給你。」太陽被這突如其來的請求嚇了一下，心想：「我才不想和小老鼠結婚，我可是深愛著月亮姑娘呢！我該如何脫困呢？」急中生智的說：「謝謝你們看得起我，但我不是世界上最偉大的人。只要雲一來，我就會被遮住，所以雲比我厲害多了。」

老鼠國王認為有道理，便跑去問雲說：「親愛的雲先生，太陽先生向我推薦你，我也覺得你是世界上最偉大的人，我想把我的寶貝女兒嫁給你。」雲暗中叫苦，怪太陽將他一軍，雲一點也不想被婚姻約束，他仍然想自由自在、無拘無束的生活，所以雲也想把結婚這燙手山芋丟出去，靈光一現的說：「我才不是世界上最偉大的人，只要風一來，我就被吹跑了。」老鼠國王再度被拒絕，感覺有點失望，便跑去找風。風也暗罵雲沒有義氣，把他捲進麻煩中，於是硬推託說：「我沒有你們說的那麼好，我太年輕，想好好的玩樂，所以還不想結婚！不過，國王您不用擔心，我想到一位偉大人物，就是牆，因為他能把我擋住，牆才是最了不起的。」

老鼠國王為了女兒的終身幸福，只好又風塵僕僕的跑去找牆。牆最了解天下父母心，不忍心他們一再被拒絕受傷害，於是心生善念，想到一個兩全其美的辦法，就裝著苦瓜臉說：「我並不是世界上最偉大的人，我個性太固執了，公主如果和我結婚，她是不會幸福的。只是，您找了那麼多人，卻忽略近在身邊的人。老鼠才是最偉大的人選，我最怕你們老鼠了，老鼠會在我身上打洞啊！」

國王恍然大悟，於是馬上回家，舉行一連串的比武大賽和機智比賽，希望選出最優秀的老鼠女婿。總算在大年初三，選到優秀的老鼠，把寶貝女兒珊珊嫁了過去，從此他們過著幸福的生活。

錦·囊·妙·計

一、請把老鼠國王的新郎人選依序排出來。

二、公主珊珊喜歡貓王子波波的原因是什麼呢？

三、請問貓、太陽、雲、風或是牆不接受珊珊公主的原因是什麼？

隆中對策

一、為何國王最後決定將女兒嫁給老鼠？

二、你認為「門當戶對」這個觀念是對的嗎？為什麼？

三、有理想目標是激勵人心的好事，但是如果空有遙遠的目標，卻不清楚自己的實力，又妄自強求，那結果會是如何呢？

●**修辭小學堂：倒反法**

故意說出與真正意思相反的話，用相反的話語激迫別人。相較於直白的敘述方式，會讓語句更加有趣。

範例：

你真大方啊！連一塊錢都捨不得捐給他。

◎牛刀小試

請用倒反法試造一句：

……………………………………………………………………………

……………………………………………………………………………

……………………………………………………………………………

……………………………………………………………………………

漫畫

父親大人！我想嫁給玫玫先生。
不准！他風流成性，我覺得把妳嫁給太陽最好。
太陽，我把女兒嫁給你，你覺得如何？
謝謝你的好意，可是我深愛著月亮姑娘呢！
雲先生，我把女兒嫁給你可好？
我不想被婚姻約束，但我推薦風。
風先生，我把女兒嫁給你可好？
我還想好好玩樂，但我推薦牆。
但是……老鼠會在我身上打洞啊！
最後國王還是將公主嫁給了老鼠。
!

虎怕漏

想一想

俗語說：「初生之犢不畏虎。」比喻初出茅廬，閱歷不深的人憑仗著自己的勇氣，不知事物的凶險而無所畏懼。如果我們一開始就對未知的事物心生畏懼，而不敢探索，是否只能停留於茫然無知的空白當中，無法擴展自己的視野？

請聽我說

本故事是一則流傳於閩南地區的童話趣事。描述一對虎母子聽見牛販抱怨廟宇年久失修而漏雨，因不明瞭「漏」為何物，而把「漏」誤作恐怖的事物。因為打從心底的懼怕，老虎遺忘了本身所擁有的威猛，最後不僅沒吃到小牛，甚至失去了自己的尾巴。

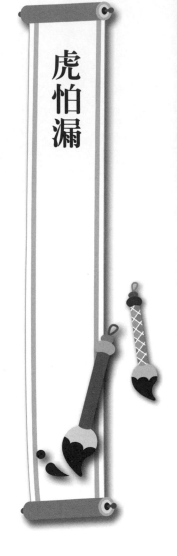

閱讀故事的時候，可以思考為什麼老虎會這麼懼怕「漏」？以及我們對一件事物如果感到陌生，應該用怎樣的態度去面對它呢？

選文

一天傍晚，一個牛販因為營業較晚，而錯過旅舍住宿時間，只好拉著兩隻小牛，筋疲力盡的尋找可住宿的地方。這時候，被出來覓食的小老虎看見了。

牛販拉著小牛犢，走進一間土地廟避雨。沒想到雨越下越大，牛販只得把破廟門關上。他把小牛犢拴在靠門邊的柱子上，自己找個地方休息，然而這廟年久失修，破漏不堪，到處漏雨，他只好坐在拴著牛犢的柱子旁休息。

守在門外的小老虎，等得不耐煩了，正想進去咬小牛犢時，忽然聽到牛販唉聲嘆氣的說：「今晚啊，我鬼也不怕，虎也不怕，只怕漏！」小虎一聽，心想：「這個人真怪，他不怕老虎，卻怕『漏』？到底『漏』是什麼東西？厲不厲害？還是先回去問媽媽再說。」於是，小虎趕緊跑回洞中，把剛才看到與聽到的情況，一五一十的說了一遍，然後問道：「『漏』是什麼東西？厲不厲害呢？」母虎從來沒聽過「漏」是什麼東西，就叫小虎在洞中等待，自己出去看看。

母虎來到破廟前，裡面靜悄悄的，只聽見打呼的聲音，母虎蹲了下來，把虎尾巴伸進破門洞裡，左搔右打，想把牛犢搔打出來吃掉牠。這時候，牛販的臉被虎尾巴搔打了一下，驚醒過來。「哎喲，不好了，老虎來了！」當他鎮靜下來後，取出腰間那把鋒利的小刀，猛力的向虎尾巴切了下去。母虎沒料到尾巴突然被切去一段，痛得大吼大叫，拚命向遠方逃去。

母虎氣喘吁吁的跑回洞中，對小虎道：「那『漏』果真是非同小可，幸虧我跑得快，尾巴只被它咬去一段，要是跑不快，恐怕連生命都沒了。」

錦·囊·妙·計

一、請問故事中的「漏」是什麼呢？

二、母虎嘗試用什麼方法，將小牛犢趕出破廟呢？

三、為什麼牛販會說他很怕「漏」呢？

隆中對策

一、為什麼老虎母子會對「漏」心驚膽跳呢？

二、如果你是老虎，在不清楚「漏」是何物，又害怕「漏」威脅自己生命的情況下，你會怎麼辦？

三、當你遇到未知的事物，你會用什麼心態去面對令你感到陌生的事物呢？

●修辭小學堂：象徵法

象徵法是以具體的事物或形象，表現抽象概念的一種修辭。簡單的說，象徵法就是用看得見的東西，來表達看不見的東西。在「詩」這種文體中最常用到象徵的筆法來寫作。

範例：

她的笑容溫暖了我。

象徵法：她臉上的太陽融化我心中的寒冰。

→以「太陽」象徵「溫暖的笑容」。

→以「寒冰」象徵「心中的冷漠」。

◎牛刀小試

請試造一個句子，並以象徵法修飾。

句子：……………………………………………………………

……………………………………………………………………

象徵法：…………………………………………………………

……………………………………………………………………

……………………………………………………………………

漫畫

這一天，覓食中的小老虎看到了兩隻小牛。
那兩隻小牛看起來真美味！
嘿嘿！
哞~~~
小老虎一路跟著牛販來到了破廟。
土地廟
今天就先在這裡休息一晚好了。
漏？那是什麼？
今晚我鬼也不怕，虎也不怕，只怕漏。
咦？水桶怎麼會自己滾進來？
為了安全起見，小老虎決定先回去問媽媽「漏」是什麼？
哞？

拿飯匙抵貓

想一想

俗語說：「以彼之道，還施彼身。」意旨面對別人的陰謀詭計時，能用巧妙靈活的回應方式，讓陰謀詭計落空，甚至讓惡人嘗到苦果。想一想，如果平白無故遭人陷害而蒙上不白之冤時，我們要怎麼機警應對這種困境呢？

請聽我說

本文改編自閩南漳州一代相傳的民間故事〈拿飯匙抵貓〉。本文中的「愛心先生」一向秉持著和平誠信、寬厚待人的處事之道，但這種「以和為貴」的禮讓德行，卻反遭陰險狡詐的壞人利用。愛心先生不僅有寬容敦厚的仁慈，也擁有聰明的機智，到最後，壞人因為愛心先生的隨機應變，不僅碰了一鼻子灰，陰險的計謀也失敗了。

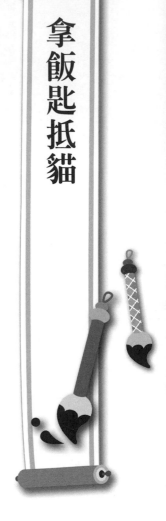

閱讀故事之前，我們應謹記一句諺語：「害人之心不可有，防人之心不可無。」我們須時時以仁義對待別人，但當別人不懷好意陷害你時，應該如何預防與應變呢？

選文

民國初年，有一位很有愛心的人，不管對方是人或是動物，不管有多大的困難和辛勞，只要他有能力，他都會想盡辦法實現，於是鎮上的人都稱他為「愛心先生」。

但是，這樣的好名聲卻引來別人的側目和忌妒。一位非常有錢的商人，平常汲汲營利，滿腦子都在想如何賺別人的錢，所以鎮上的人都不太喜歡他。這令他非常不高興，他覺得自己的地位應該要獲得更多人的愛戴，所以當他知道全鎮的人都尊敬愛心先生時，商人就決定要拆掉愛心先生的招牌。

隔天，商人怒氣沖沖的來到愛心先生家，指控愛心先生害死了他家的黑貓。商人說道：「你自以為愛心，不負責任的隨意餵食從我家跑出去的黑貓，結果害死了牠。這隻黑貓是我父親交給我的，那份深厚的感情對我而言意義重大！都是你害的，你根本沒資格當『愛心先生』！我看你要如何賠償我？」面對子虛烏有的指控，愛心先生相當慌張，他自認一生做事光明磊落，這番嚴重的指控讓愛心先生徹夜輾轉難眠，心情因此大受影響，變得悶悶不樂。

愛心先生的家人覺得這樣下去不是辦法，於是開始蒐集商人的相關資料，想要了解商人攻擊愛心先生的目的，以及商人平時的待人處事之道。他們肯定商人對愛心先生的指控是子虛烏有後，決定在鎮上舉辦公開指證會上予以反擊。

公開指證會當天，商人再一次對愛心先生作出不實的指控。法官質問愛心先生商人的指控是否屬實，愛心先生回答：「商人對我的指控是真是假，還是交由大家裁決。我想說的是，我們家歷代相傳的金飯匙是曾借給商人的爺爺開個展展示，但是，個展結束後，他卻說金飯匙不見了，這造成我們家族極大的損失！正因如此，偵辦完這起黑貓事件後，我決定要求大家還我們一個公道，全力偵辦金飯匙的下落。我們想知道，金飯匙究竟是真的憑空消失，還是另有其因！」

商人聽到這番話，嚇得心驚膽跳，他壓根沒想到愛心先生會這樣反擊。對商人而言，這種指控如果繼續發酵擴散，就算真相最後水落石出，也已經對他的商譽造成很大的影響了。

最後，指證會的決議如下：「這兩件指控是真是假目前還不確定，你們兩位的委屈我們會盡全力偵查到底，但是，為了避免彼此傷和氣，我們提出一個小建議，兩位先生不妨考慮看看，不如拿飯是抵貓吧？」愛心先生很快的點頭答應，而目瞪口呆的商人也只好默默接受了。

錦·囊·妙·計

一、壞心商人指控愛心先生的理由是什麼？你覺得他的理由充分嗎？

二、愛心先生反擊壞心商人的方法是什麼呢？

三、為什麼壞心商人要平白無故誣賴愛心先生呢？

隆中對策

一、如果你是愛心先生，你會用什麼方法反抗壞心商人的惡意指控呢？

二、你覺得壞心商人得到應有的報應了嗎？為什麼？

三、請省思一下「害人之心不可有，防人之心不可無」的意義。

●作文教室：由描寫人物外型表現人的個性

所謂「像由心生」，一個人的外在形象可以表現出這個人的內心世界，因此描寫人的其中一種方法，是針對人的身體各項細部仔細描寫，來凸顯出此人的個性。

範例：

眼前這位男子眼皮下垂，空洞的眼神環顧四周，不發一語，他永遠穿著那件棕色的外套和黑色的皮鞋，然而外套的袖口已有些磨損，皮鞋表面也早已充滿了刮痕。

→不修邊幅、無精打采、歷經滄桑等等個性。

◎牛刀小試

試著描寫一位人物的外型，並說明他的個性。

....

....

....

....

....

漫畫

商人怒氣沖沖的指控愛心先生
就是他！是他害死我們家的黑貓。
嗯？
各位主持人，我們家歷代相傳的金飯匙曾借給他的爺爺，但是他爺爺卻弄丟了。
傷腦筋！
有了！
怎麼辦呢？
不如……就拿飯匙抵貓吧！
嗯！
你！

小貓不工作

想一想

法國道學家羅休福柯說過一句很有意義的話：「我們總喜歡批評他人，卻不喜歡受人批評。」說明大多數的人沒有容忍他人批評的雅量。然而，如果犯錯的是我們的親人或朋友，卻看不到他們的悔改，這時，我們又要怎麼循循善誘，引導他們走回正途呢？

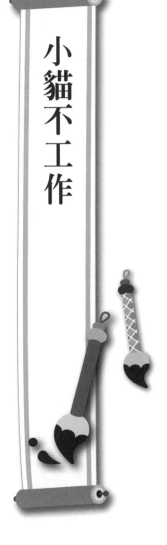

請聽我說

本故事改編自南歐童話。深愛妻子的蓮見看到妻子愛紗每天只顧著享受揮霍無度的奢華生活，不忍當面苛責，只好利用「指桑罵槐」的計策，責罵天生不會做家事的寵物貓——斑比，將愛紗所有的過錯都歸咎在斑比身上。愛紗從一開始疑惑蓮見不明究理的對斑比大發雷霆，到後來發覺原來這一切無來由的舉動，都是深愛自己的蓮見希望自己能改過遷善，不再沉淪物質欲望的無限追求之中。

閱讀故事時，我們可以思考，當朋友犯錯時，如何利用較為宛轉的方法，在朋友不被傷害的情況下，引導他們改過。同時思考當一個人能自動自發的改過，是否比強迫接受責難而改善好上許多呢？

選文

辛勤工作的蓮見，娶了家境富裕但好吃懶做的愛紗為妻，愛妻的蓮見在新婚時對愛紗說：「未來不管發生任何事情，我絕對不會罵妳和打妳。」蓮見這番愛的宣言卻讓愛紗在婚後變本加厲，每天待在家中和心愛的小貓斑比過著悠閒的生活，偶爾將自己打扮得花枝招展出門逛街，不曾做過任何家事。白天辛苦工作的蓮見，晚上回家還要花時間整理家務，蓮見因為遵守承諾，所以不敢有任何埋怨。某一天，蓮見回家後發現滿屋子的凌亂，終於忍無可忍，他決定要找個方法來改變愛紗。

隔天出門工作前，蓮見對著愛紗最心愛的斑比大喊：「家裡亂七八糟，斑比你卻每天好吃懶做。假如今天我回家後，家裡還是一樣亂，廚房的碗筷沒洗、洗衣籃內的衣服沒洗、滿地的垃圾雜物沒收，斑比你就準備去屋子外睡覺了。」蓮見的大發雷霆，讓愛紗感到莫名其妙，她追著蓮見大喊：「你瘋了嗎？牠只是一隻貓，哪懂得做家事啊！」但蓮見像是鐵了心似的，頭也不回的出門去工作了。

對於蓮見發飆生氣的舉動，愛紗完全摸不著頭緒，索性帶著斑比出門散步，絲毫沒有聽進蓮見的警告。當天晚上，回到家的蓮見看見家裡還是一樣亂時，二話不說，便把斑比抓到屋外，讓斑比獨自待在下雪的夜晚中。看見心愛的貓被這樣對待，愛紗發瘋似的對蓮見咆哮，但蓮見仍不為所動。

隔天，蓮見要出門工作時，又對著門外發抖的斑比說：「今天再給你一次機會，昨天交代的家事，要好好完成，不准偷懶，我回家要看到乾淨整齊的家。」

蓮見的警告讓愛紗聽得膽顫心驚，她害怕斑比今晚又會被關到屋外，但接到友人的邀約電話，這念頭很快就消失無蹤，愛紗開心的赴約，並玩到很晚才回家，等著她的又是斑比被蓮見關到屋外的下場。同樣的事再次發生，讓愛紗失去理智的抓著蓮見猛打，她不懂蓮見為什麼要這麼殘忍，竟然忍心把斑比連續兩天關到寒冷的屋外，只見蓮見冷冷的回應：「我每天工作到這麼晚，家事不交給斑比，請問要誰來做呢？」

蓮見的一番話，似乎觸動了愛紗，愛紗想了一整晚，她開始問自己：「是不是我害了斑比？斑比不會做家事，有時間、有能力做家事的人應該是我吧！」這些想法在愛紗腦海中反覆浮現，讓愛紗徹夜失眠。

隔天，蓮見還是在出門上班前警告無辜的斑比，愛紗聽完後，沒有再次生氣質問，反而捲起衣袖，打起精神，決定替斑比完成家事。這一天，愛紗生火打水，準備午餐、晚餐、打掃屋內、洗衣服、洗碗筷。第一次動手做家事，讓愛紗感到相當疲憊，但斑比又跳又鬧的陪伴她，讓愛紗感到很欣慰，她下定決心今後一定要自己做家事。

蓮見回到家後，看到家中收拾得乾乾淨淨、一塵不染，心裡覺得很高興，對著斑比說：「斑比真棒，爸爸交代的事，統統做到了！今後只要像今天這樣，我就不會再把你關到屋外了。」

從此以後，愛紗變成勤勞的太太，她努力把家中所有事情照顧好，提供蓮見一個無後顧之憂的避風港，夫妻也過著快快樂樂的日子。

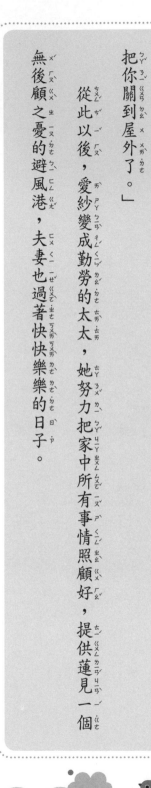

錦·囊·妙·計

一、愛紗為什麼可以擺出有恃無恐的姿態，就算好吃懶做也不怕被蓮見責備？

二、蓮見說：「我每天工作到這麼晚，家事不交給斑比，請問要誰來做呢？」請問這句話中的「誰」指的是哪個人呢？

三、讀完這則故事，你覺得蓮見究竟有沒有責備愛紗呢？

隆中對策

一、蓮見為什麼要使用「指桑罵槐」的計謀，來矯正愛紗的過錯？

二、如果你是愛紗，對於蓮見的行為有何感想呢？

三、當一個人能自動自發的改過，是否比強迫接受責難而改善好上許多呢？為什麼？

●作文教室：豐富的辭彙

學生寫作時，往往會使用一些概念化的字詞來表達文意，如：開心、高興等等來表達愉悅的心情。懂得運用豐富的辭彙，並且掌握辭彙的確切意義、應用對象或範圍、辭彙的感情色彩或程度輕重，便能輕鬆寫出一篇跳脫一般平庸文字的文章了。

範例：

蓮見有一個「想法」，希望「有一天」愛紗能主動做家事。

→蓮見有一個「夢想」，希望愛紗「未來」能主動把家裡整理得有條不紊。

◎牛刀小試

請試著抽換引號內的辭彙。

①春天來時，花園裡開滿了「好多的」花朵，真「漂亮」！

………………………………………………………………………

………………………………………………………………………

②醫院裡到處都是「傷心」的面容，令人感到「不忍」。

………………………………………………………………………

………………………………………………………………………

漫畫

愛紗嫁給我吧！婚後我絕對不會打妳和罵妳。
蓮見♥
結婚後，愛紗每天待在家中和心愛的小貓過著悠閒的少奶奶生活，所以滿屋子凌亂。
蓮見覺得這樣下去不行，得想個計策……
喵！
家裡亂七八糟，你卻每天好吃懶做，都不幫忙打掃。
從此以後，愛紗變成勤勞的太太，把家裡整理得煥然一新。
呼！

傻小子貝里科

想一想

《中庸》說：「豫則立，不豫則廢。」「豫」，即思考的意思。告誡我們做任何事前，都應該規劃出詳細的方針，事情才能做得又快又好。如果我們粗心大意，甚至毫無計畫的做事情，那結果又會變得如何呢？

請聽我說

本故事改編自〈傻小子貝里科〉，故事中的貝里科有一副熱心助人的好心腸，卻沒有深思熟慮的好頭腦，空有幫助人的愛心，卻少了幫助人的智慧，往往讓不少接受過他「幫忙」的人退避三舍，暗自搖頭嘆氣：「貝里科真是愛幫倒忙。」

閱讀故事時，可以一邊檢視貝里科滑稽可笑的所作所為，一邊反省在現實生活

中，我們是不是也有未經思考，冒然做事而得到失敗後果，甚至闖下一發不可收拾大禍的經驗呢？又再想一想，原本我們自以為可以成功的結果，竟然慘遭失敗，失敗的原因又是源自哪裡呢？

選文

美國的鄉下小村莊中，有個年輕人，大家都叫他「熱情傻小子貝里科」，這個綽號來自於大家都覺得世界上再也沒有人比貝里科還要傻了。

貝里科很喜歡幫助別人，只要看見有人需要幫忙，就會義不容辭的前去相助。一開始，大家都覺得貝里科是個好小孩，因為熱心助人的人在村中越來越少見了；但是，貝里科總是迷迷糊糊，傻里傻氣的用錯方法或聽錯話，以致事情總是越幫越忙。漸漸的，大家對於貝里科的幫忙，往往會婉拒他說：「不用幫忙也沒關係，你只要有那份心就好了！」

故而，儘管貝里科想幫助別人，卻常常無法如願。

有一天，貝里科在回家途中，撞見一個外地來的老婦人，她騎著一匹驢子，牽著一隻豬，遭到強盜搶劫，見義勇為的貝里科馬上衝過去幫助老婦人。貝里科長得人高馬大加上孔武有力，順利打退了強盜，但是老婦人的驢子和小豬卻因為驚嚇而往湖邊的方向逃走。貝里科見受傷的老婦人沒辦法去追，所以把她安頓在客棧休息後，便出發去找驢子和豬。

貝里科走了很久，來到湖邊，幸運的發現老婦人的驢子和豬。貝里科不會騎驢子，所以只能把驢子和豬牽回去，他發現同時牽這兩種體型大小有差的動物，有些不方便，所以他靈機一動，對著豬說：「嘿！我告訴你回家的路，你自己走回去吧！」

小豬毫無反應，貝里科有點不耐煩的說：「你聽不懂嗎？往那邊走吧！」說完，用腳踢了一下小豬，受驚嚇的小豬便跑走了。貝里科把驢子牽回去給老婦人，卻發現小豬還沒回來，老婦人關心詢問：「怎麼沒帶小豬一起回來呢？」貝里科回答說：「我叫牠先回來了。」老婦人聽到這樣的回答，差點暈倒過去，大叫：「年輕人，你也太笨了吧！牠是一隻小豬，怎麼可能知道回來的路？難道你不知道，應該把小豬綁在驢子的尾巴，再一起帶回來嗎？」貝里科自認自己做了對不起老婦人的事，為了彌補老婦人的損失，他主動要求幫忙老婦人做生意，以取得老婦人的原諒。

有一天，老婦人對貝里科說：「你帶著驢子去鎮上，之前我在那裡買了一個陶瓷品，十分有質感，我們可以用它來裝飾攤位。不過，這次你可不能叫它自己回來，因為它可沒有腳！」貝里科回說：「這我當然知道，不用擔心，我已經想好方法了！」老婦人看著自信滿滿的貝里科，也就放心的請他去幫忙。貝里科到鎮上取得陶瓷品後，記起上次小豬的教訓，所以把陶瓷品綁在驢子的尾巴，帶著驢子一路高興的跑回去。

但是，回去之後才發現，陶瓷品已經破了。生氣的老婦人對著貝里科破口大罵，貝里科覺得很冤枉的說：「上次您不是說要把東西綁在驢子尾巴，就可以順利把東西帶回來嗎？」老婦人更生氣的說：「那是指會走路的小豬。把陶瓷品拖在地上，一定會破的啊！你應該要緊緊抱在懷裡才對！怎麼連這都不懂呢？」老婦人雖然很氣，但是當初如果不是這個傻小子的幫忙，現在的自己可能早已人財兩失。所以，過了幾天，老婦人在工作忙碌之餘，仍然拜託貝里科去鎮上幫她買一斤松脂回來。回來後發現，豔陽把松脂都融化了，淋得貝里科的胸前黏答答的，老婦人看見貝里科又搞砸了，馬上責備他的愚蠢和不知變通。她說：「你難道不知道松脂在太陽底下會融化嗎？必須不停的潑水才可以防止融化，而且你也不必把它抱得這麼緊，你看你，弄成現在這樣！」

「您不是說要抱得緊緊的嗎？」

「那是指陶瓷品，為了防止掉下來摔破，所以要抱好才對！」

過了一陣子，老婦人因為幫手不夠，於是吩咐貝里科去鎮上幫她買些糖。貝里科很開心又可以幫忙老婦人做事，這次他記取教訓，帶了一大瓶水去買糖，回程的路上，他不停的灑水以防止太陽的日晒，貝里科認為這次準備充分，且方法正確，帶回去的糖一定不會再讓老婦人失望。但是，老婦人看到貝里科帶回來的糖，差點氣暈了，因為整袋糖都被水溶化了，老婦人沒好氣的問：「你叫我怎麼敢再讓你幫忙？好好的一袋糖，都被你淋溼了。你怎麼腦筋都不會動一下呢？」貝里科覺得相當委屈：「可是，您上次不是說為了防止太陽日晒，所以要潑水……」「那是怕松脂被太陽晒到融化，糖不一樣，只要放在袋子裡就好！算了！算了！你以後不用幫我了！有空來找我聊聊天就好！」

過了很久，老婦人都沒有再請貝里科幫忙。直到有一天，因為生意經營得不是很順利，老婦人決定改賣小吃；於是，她請年輕力壯的貝里科幫她到村莊的每一個角落發傳單，老婦人再次強調：「小子，這次別再出錯了。重點是要讓大家認識這家店，吸引大家來光顧！」貝里科開心的接下這個任務，努力跑遍村莊的每一個角落，忙到深夜才完成任務。當他回去找老婦人時，老婦人發現貝里科手上的傳單竟然一張未少，便問貝里科：「奇怪，我不是請你去幫忙宣傳嗎？怎麼你手上的傳單都還在？」貝里科開心的說：「是啊！我有乖乖照您的吩咐去做事，我一整天都待在驢背上，拿著傳單不斷的繞啊繞！繞給所有村民看呢！」老婦人又說道：「什麼！所以你從頭到尾都沒有下來把傳單發給村民？」「是啊！」貝里科回答說。這時的老婦人只能苦笑著說：「我不知道你是真笨還是假笨，總之，我被你打敗了，你真的是世界上最熱情的傻小子。」

錦·囊·妙·計

一、為什麼貝里科會被大家戲稱為「熱情笨小子」呢？

二、同樣曝晒於外頭，為什麼松脂需要潑水而糖卻不需要呢？

三、你覺得貝里科為什麼常常把事情搞砸呢？

隆中對策

一、老婆婆雖然非常感激貝里科救她一命，為什麼到最後卻無法忍受他的幫忙呢？

二、如果你是善良熱心的貝里科，該怎麼繼續保持熱誠的好德行，又讓大家對你的幫助感恩在心呢？

三、如果你有一個熱心關懷別人的朋友，做事情卻莽莽撞撞，常常做出許多傻事，請問你該怎麼規勸他呢？

●作文教室：主次分明

文章要表現出主次分明，便是在主要段落描寫文章的「主要事件」。為了凸顯主要事件的重要，還需要用「次要事件」補充說明，使層次分明，不失主題的焦點。

範例：〈傻小子貝里科〉中要表現貝里科的傻。

主要事件：貝里科要走失的豬自己走回家、把松脂緊緊抱在懷裡等事件。

次要事件：貝里科住在美國曼菲斯的鄉下小村莊中。

◎牛刀小試

「考試時」要表現考場中的氣氛。

主要事件：……………………………………………………

……………………………………………………………………

……………………………………………………………………

次要事件：……………………………………………………

……………………………………………………………………

……………………………………………………………………

漫畫

什麼！強盜別跑！
有強盜啊！
噗嘰~~
咿嘀~~
貝里科順利的打退了強盜，可是老婦人的驢子和豬都嚇跑了。
好心的小伙子，能請你幫我找回驢子和豬嗎？
沒問題！交給我吧！
貝里科在森林找到了驢子和豬。
你家就在那邊，自己走回去吧！
咿~~
噗？
!?
豬呢？
怎麼只有驢子？
我告訴豬回家的方向，牠算一算就回來了。
你怎麼那麼笨啊！

宋定伯賣鬼

想一想

西漢文學家司馬相如說：「禍因多藏於隱微，而發於人之所忽。」旨在告訴我們災難來臨前，多有細微的徵兆，就如星星之火也足以燎原。如果我們不能隨時警惕自己謹慎行事，防微杜漸，依舊輕忽周遭的細節，任意為之，則禍難突然降臨也不足為奇。想一想，自己是否有輕忽小事而鑄成錯誤的經驗呢？

請聽我說

本故事改寫自晉人干寶《搜神記》的其中一篇——〈宋定伯賣鬼〉，描述深夜趕路的商賈宋定伯，途中遇鬼的趣事。宋定伯雖然看似倒楣，撞見了一隻鬼，但鬼卻粗心大意，沒發現宋定伯是個活生生的人，還熱絡的與定伯聊天，以鬼界前輩的姿態，幫忙這隻初來乍到的新鬼，甚至連忌憚的事物都一股腦的向定伯說。坦誠相待的後果，卻被害怕身分敗露的宋定伯設計，永遠成為一頭溫馴不會傷害他人的羊。其實，結伴旅行的路上，鬼有數次機會能靜下心來，仔細推敲宋定伯的真實身分，但粗心大意的鬼，缺少了危機意識，而臨禍忘憂的心態終究換得悲慘的下場。

選文

晉朝時，在南陽的地方，有個名叫宋定伯的商人，年輕時曾發生一件撲朔迷離的故事。有一天，他在晚上趕路，想趕上明早的市集，卻不小心遇到了鬼。宋定伯想確認對方的身分，大膽的問：「你是誰？」鬼說：「我是鬼啊！」那個鬼反問定伯：「那你又是誰啊？」宋定伯害怕鬼發現他是人的事實，便欺騙鬼說：「我也是鬼啊！」鬼聽了很高興，以為交到一位新朋友，便想與他結伴同行。宋定伯說：「我正要去宛市。」鬼說：「你不介意我一同遊歷吧？」宋定伯眼見情勢騎虎難下，只好允諾他。

宋定伯感到非常害怕，越走越慢，希望鬼因此不耐煩，能夠遠離他。鬼卻說：「你走得太慢了，這樣好了，不如我們互相揹著彼此各走一段路，這樣既省時又不費力。」宋定伯欣然允諾。於是，鬼把宋定伯擔在肩上，卻感覺異常沉重，就問：「你好重喔！普通的鬼根本沒這麼重啊！」定伯說：「因為我剛死沒多久，所以還殘留一些人類的體重吧！」鬼不疑有他。

換宋定伯揹鬼的時候，鬼根本就沒有重量。走了許久，定伯漸漸消除心裡的恐懼，放大膽子與鬼攀談了起來。他問鬼說：「我剛死沒多久，還不知道鬼最害怕的東西是什麼呢？」鬼說：「我們最害怕人類的口水了。」這時，他們走到一條淺溪，宋定伯叫鬼先渡河，自己隨後跟上。鬼渡河時一點聲響都沒有，定伯卻激起水花。鬼又起疑：「你還是有形軀的吧！不然怎麼發出這麼大的聲響呢？」定伯依然以新死為理由來敷衍鬼。

終於，他們行至宛市，天空微微發出晨曦，鬼看天色快亮了，非常驚慌的說：「快放我下來！我們一起躲到陰暗的地方。」宋定伯聞言，卻死命的抓著鬼不放。鬼淒厲慘叫，終至無聲。宋定伯便把鬼從肩膀上放下來，此時他化作一頭羊，定伯怕他再行變化，連忙吐了口水在羊身上，再牽去市場叫賣，賣得一千五百錢。當時就流傳著一句話：「定伯賣鬼，得錢千五。」

錦·囊·妙·計

一、故事中的鬼最害怕什麼東西呢？

二、鬼和宋定伯以何種方式去宛市呢？

三、為什麼宋定伯渡水時會發出劇烈的聲響，鬼卻不會呢？

隆中對策

一、「定伯賣鬼，得錢千五。」這句話是什麼意思呢？

二、如果你是鬼，發現宋定伯的行為舉止很怪異，不像是一隻鬼該有的樣子，你會怎麼做呢？

三、鬼對待宋定伯，可說是一片摯誠，為什麼宋定伯還要害他，使他一世不成「鬼」形呢？

●修辭小學堂：對話法

在文章中套用一部分的人物對話，可以凸顯主題，將主旨表現出來，更有使文章生動又活潑的效果！

範例：

宋定伯想確認他的身分，大膽的問：「你是誰？」鬼說：「我是鬼啊！」那個鬼反問定伯：「那你又是誰啊？」宋定伯害怕鬼發現他是人的事實，便欺騙鬼說：「我也是鬼啊！」鬼聽了很高興，以為交到一位新朋友，便想與他結伴同行。

→簡單的對話交代了宋定伯遇到鬼的情況。

◎牛刀小試

爸爸拍拍我的肩膀說：「難得星期假日，________________

________________________________。」我開心的跳了起來：

「____。」

你是誰？
我是鬼啊！
什麼！如果被他知道我是人就糟了。
我也是鬼。
嘿嘿！
魂
太好了！交到一位新朋友了。
對了，鬼最怕什麼啊！
當然是人的口水。
呸！呸！
粥！
你…你要做什麼？
賣羊喔！一頭一千五，快來買喔！
變成羊的鬼，最後被宋定伯帶到市場賣了。

大明湖遊記

想一想

唐代詩人杜牧坐車遊歷景色的時候，寫下優美的詞句：「停車坐愛楓林晚，霜葉紅於二月花」，駕車停在楓樹林旁邊，靜靜欣賞它的美好，楓葉亮麗的紅色，竟然比春天開的花朵還鮮豔有活力呢！想一想，你有沒有隨著家人一同出遊，沿途欣賞美麗風景的經驗呢？

請聽我說

本文改寫自清朝末年劉鶚（音ㄜˋ）的《老殘遊記》。劉鶚化身為老殘，遊歷山川湖泊，接觸人生百態，並描繪清朝末年的社會情況，而這篇文章，便是劉鶚運用旁觀的描述方式，帶領讀者遊覽大明湖的經歷。遊記的主題圍繞著觀賞大明湖周圍的明山秀水，卻井井有序的依照遊覽順序，展現旅途之中所見識的諸多奇麗風光和趣味，讓讀者深刻的感受大明湖繽紛多變的景觀及宛如世外桃源的氣息。

選文

清朝末年，有個四處行醫的老人，名叫老殘，他一面行腳各處替人治病，一面遊歷各地的風景名勝，並將之記錄下來，寫成一篇篇的遊記。在遊歷中，老殘遭遇多端的人事物，從與他們的交談與各式各樣的事件中，感受清末的社會情況。

一天，老殘坐著馬車，準備遊覽現今山東省濟南市東北邊，一處名為大明湖的風景名勝。一到了濟南，見家家都有小橋流水的景象，比起江南毫不遜色。他深入大街小巷，走進了小布政司街，這時夕陽西下，天色逐漸昏暗，只好尋覓一家旅店，簡單吃些晚飯，就此歇息，等著第二天清晨再四處遊玩。次日，老殘果真早早起床，吃了些點心，便上街開始他的行醫工作。大明湖的風景十分引人入勝，他隨意搖了搖串鈴，見沒人前來看病，也就開始專心欣賞風景。

老殘漫步到鵲華橋旁，租了一艘小船，盪著雙槳，往湖中央的歷下亭划去。一見歷下亭，卻是年久失修，牆上的油漆已剝落了一大半，亭子旁坐落著幾間房屋。停留一會兒，老殘覺得無趣，就繼續划船來到祭拜鐵鉉的鐵公祠；這時正逢秋高氣爽，不斷有香客前來廟祠進香參拜。

老殘從鐵公祠往南一望，遠觀對面千佛山上一片蒼綠的松柏，綠意盎然，還有紅豔似火的楓樹夾雜其中，好看得像一面色彩繽紛的屏風，這屏風與湖水兩相輝映，更顯得青翠秀麗。老殘心裡想著：「如此美好的景色，怎麼沒有文人雅士為它寫下美麗的詩篇呢？」抬頭一看，鐵公祠中挺立的柱子上有副對聯寫著：「四面荷花三面柳，一城山色半城湖。」老殘暗暗點頭想道：「形容得真是貼切。」老殘繼續參觀鐵公祠，祠堂的東廂有一座荷花池，被曲折的迴廊環繞著；荷花池東邊有間舊房子，門前的破匾上題著「古水仙祠」四個字。

在水仙祠佇留了一會兒，老殘繼續划著雙槳，將船盪到歷下亭的後面，船經過一片生機盎然的湖水，被四處盛開的荷葉與荷花包圍，荷葉摩擦著船邊，不斷發出嗤嗤聲響，而荷花生出的蓮蓬，也不斷蹦進船艙裡面。

老殘隨手摘了幾個蓮蓬，一邊吃著，不知不覺小船又盪回鵲華橋畔了。

錦·囊·妙·計

一、請問老殘的職業是什麼呢？

二、老殘各是運用何種方式抵達濟南府、小布政司街、鵲華橋、鐵公祠的呢？

三、為何鐵公祠香火鼎盛？

隆中對策

一、老殘從鵲華橋坐船行經哪些景點之後再回到鵲華橋呢？

二、故事中，有個文人雅士在鐵公祠的柱子上寫了一副對聯，讚美周圍的景色。請問對聯的意思是什麼呢？

三、老殘是在什麼季節遊大明湖呢？從哪些景物可以看出是什麼季節前去，請寫出來。

●作文教室：遊記的寫作要點

關於遊記的文章，在主題上常以描寫自然山水或名勝古蹟為主，因此寫作時，描寫目的地的空間是靜態的，而場景的推移，則要是動態的；文末應該要包括作者的感想，成為全篇遊記的主旨所在。

◎牛刀小試

試著以「班級旅遊」為主題，寫一篇短文。

沒人要看病，那我去欣賞風景好了！
懸壺濟世
呼~
呼~
亭下歷
嗙！油漆怎麼都剝落了。
亭下歷
祠公鐵
一城山色半城湖
荷花
嗯~鐵公祠總算還有點人氣。
祠仙水古
你要不要跟我一起打掃這裡？
唉~~真是淒涼……

大樹作證

想一想

詹姆士．派金斯有句名言：「貪心者的袋子一定會破的。」過度貪婪而企圖侵占他人的金銀財寶，就算自認有周全計畫，但百密一疏，最後仍會因為小破綻而被他人拆穿的！

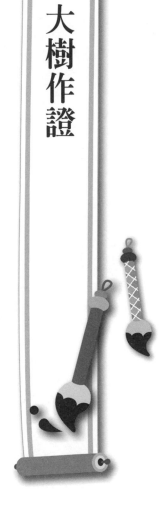

請聽我說

本故事出自於《神探阿凡提》的〈大樹作證〉。故事中的佟作富想去朝聖，而把家中的金銀財寶全放在一個小鐵盒中，交由好友何烏華保管，而何烏華卻動了貪念，罔顧朋友對他的信任，妄想把這些財產占為己有。佟作富朝聖回來後，何烏華故意假裝從未見過鐵盒。機智的阿凡提運用智慧，讓何烏華在不經意的對話中露出破綻，間接證明了他強占佟作富的財產，何烏華不但在大家面前被拆穿西洋鏡，還因此失去了一位好朋友對他的信任了。

選文

青海班瑪城裡有兩戶回教人家，兩人稱得上是莫逆之交，一個叫佟作富，另一個叫何烏華。

這年，佟作富與妻子想去伊斯蘭教的古爾邦節朝聖，但他不知如何保管家裡的錢財，帶在身邊要擔心路上多如牛毛的扒手，放在家裡又要擔心防不勝防的盜賊；挖個洞藏在地底吧，當地地痞流氓見你長期出門，便開始打你財寶的歪主意。

他妻子提議說：「何烏華不去聖地，不如存放在他家裡，不就萬無一失了？」佟作富一聽大喜，就將家裡最值錢的一點財寶，裝入一個鐵盒子，裝上一具大鎖，挑了個黑夜，約何烏華來到家裡附近的樹下，將鐵盒親手交給他。

何烏華聽了佟作富的請託後，雙手接過鐵盒，笑嘻嘻道：「兄弟的事情我怎麼能不幫忙？你我情同手足，別說是存放東西的小事，就是再大的事，我做哥哥的也會為你分憂。你放心去朝聖吧！就算半年一年不回來，也少不了你一分錢的。」佟作富有了何烏華的這番保證，終於能放下心中的大石頭，第二天帶著妻子歡歡喜喜出發了。

然而，佟作富忘了何烏華原是商人出身，平日嗜財如命，見到錢財怎會不動心？他日夜盤算，想要把整個鐵盒占為己有，他想起佟作富送鐵盒來的那天，為了避人耳目，是深夜獨自前來的，而且兩人也沒有字據作保證，整件事可以說是死無對證，他只要一口咬定沒見過佟作富的鐵盒，即便要打官司也拿他沒有辦法。

半年後，佟作富夫婦回到家裡，見屋裡已被小偷光顧過。只是他早已將家裡的貴重物品轉移，所以沒有什麼重大損失。佟作富心想：多虧他的好兄弟何烏華為他保管錢財，要不然這下可真要傾家蕩產了。簡單整理好家後，他準備了一份禮物，當夜就去他的義兄家，想要取回自己的鐵盒。

何烏華聽他說明來意，一臉詫異說道：「兄弟，這個玩笑可開不得，你臨行前來我這兒告別是有的，可是你說的鐵盒是大是小，是圓是方，我從來沒見過，現在怎麼向我要起它來了？你這不是要我的命嗎？」

佟作富大驚道：「大哥，你可不要昧著良心說話，那一夜我可是親手交到你手裡的，就在那棵大樹下。」何烏華沉下臉來，說道：「佟作富，你倒說得有鼻子有眼睛的，你想誣賴我是不是？」

於是，兩人你一言，我一語，爭得不可開交，恰好阿凡提騎著毛驢路過，一時好奇，下了驢子，問圍觀的人發生什麼事。阿凡提聽完後想了一會兒，緩緩說道：「你們兩人是在大樹下說的話，雖然沒有證人，但還有大樹在場。鄉親們，你們誰去幫個忙，快去將樹證人請來？」

樹證人？這不是開玩笑嗎？有熱心的人說要去請大樹來作證。何烏華和佟作富兩個莫名其妙，不知道阿凡提到底葫蘆裡賣什麼藥。

等了好一陣子，阿凡提不耐煩道：「這樹證人好大的架子，到現在還不來。何烏華，你說，這是怎麼一回事？」

何烏華不知是計，脫口而出道：「那樹離這兒有五里路，走得再快也到不了呢！」

阿凡提拿起佟作富手裡的財物清單，說道：「這麼說來，我們只好再等一陣子了。我們先來看看這份清單，嗯，金幣一百三十六枚，銀幣一百二十五枚，鑽石五十二枚，手鐲一對……」他故意添加許多的財寶進去。

何烏華急了，忍不住插嘴道：「先生，他的盒子那麼小，哪裡裝得下這麼多錢財？」這時阿凡提哈哈大笑道：「我要的正是你這句話。你知道樹在哪裡？可見當天佟作富的確在大樹下將盒子交給你；你知道盒子的大小，這說明你見過那個盒子。現在，你還敢抵賴嗎？」

何烏華知道自己的謊言已被戳破，只好低頭認罪。

錦·囊·妙·計

一、佟作富出遠門朝聖的前夕，在大樹下請何烏華幫忙什麼事情？

二、何烏華受到佟作富的委託後，起了什麼念頭？

三、佟作富去找何烏華拿鐵盒時，兩人為什麼起了爭執？

四、阿凡提如何運用「樹證人」讓何烏華露出馬腳，最後不得不承認他犯下的錯？

隆中對策

一、如果是你面對一大筆金錢的誘惑，應該要怎麼穩住自己的心不動搖？

二、如果你是佟作富，面對何烏華的背叛你會怎麼辦？

三、如果你身邊有一大筆錢財，卻臨時需要出遠門，那麼你會怎麼做？

●**修辭小學堂：對比法**

把對立的意思或事物，或把事物的兩個方面放在一起作比較，讓讀者在比較中分清好壞、辨別是非。這種手法可以突出好與壞、善與惡、美與醜的對立，給人極鮮明的形象和極強烈的感受。

範例：

佟作富和何烏華兩人大聲爭執不休，而阿凡提站在一旁沉默不語。

◎牛刀小試

試用對比法造句。

....

....

....

....

....

漫畫

烏華，我要去朝聖，請幫我保管小鐵盒。
沒問題，交給我吧！
朝聖回來的佟作富
我的小鐵盒呢？
什麼小鐵盒？我才沒見過什麼小鐵盒呢！
怎麼了？
怎麼了？
嗯・・・
我們請樹證人來吧！
你欠佟作富金幣、銀幣、鑽石……
哼了～！
才沒那麼多呢！
・・・・・・・・・・・・・・・
・・・

空城計

想一想

「知己知彼，百戰百勝」，衡量自己的能力，且測度敵人的實力，再經過完整的評析後，規劃出迎戰的策略。通過這種方式籌劃戰術，就很有機會取得最後的勝利。想一想，自己在玩象棋、圍棋或網路戰略遊戲時，是否有運用策略而戰勝敵人的經驗呢？

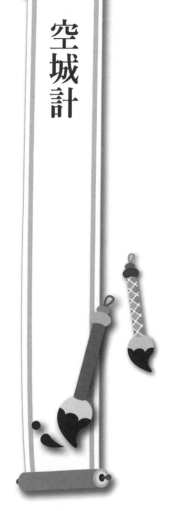

請聽我說

本故事改寫自《三國演義》。三國名相孔明被司馬懿率領的魏軍圍困於西城縣，手無勇兵強將的孔明對比軍威浩大的魏軍，勝敗似乎高下立判，然而孔明卻洞悉司馬懿的心理，掌握他多疑的性格，故布疑陣，刻意將軍隊內部空虛的情況顯露出來。司馬懿見蜀軍薄弱，似乎不堪一擊，但主帥孔明卻身披羽衣，頭戴綸巾，從容不迫的在城上彈琴。生性狐疑的司馬懿見狀，反而忌憚孔明這虛虛實實的陣勢，退兵離去。孔明面對敵陣十五萬大軍依然處變不驚，運用冷靜沉著的奇謀，驚退敵軍，實是因為孔明能透徹的分析敵軍將帥的性格與缺點，並針對這缺點籌劃出奇制勝的「空城計」。

選文

三國時代，蜀國為了匡復漢室，與想要謀朝篡政的魏國爭戰連連。當時蜀國丞相孔明與魏國大將軍司馬懿相互算計，進行一連串的攻防和大小戰爭，兩人絕妙的謀略，聽來往往令人拍案叫絕；其中最膾炙人口的，便屬「空城計」這個故事了。

孔明部署好五千兵力去西城縣搬運糧草，傳令兵忽然慌慌忙忙的通報：「司馬懿率領十五萬大軍，朝西城蜂擁而來。」當時孔明身邊並無驍勇善戰的將領，只有一批文官隨侍在側，擁有的五千兵力已去搬運糧草，城中只剩兩千五百個軍士。面對魏國龐大雄壯的軍隊，除了孔明，其他將領無不驚慌失色了起來。孔明登上城樓，遠望敵軍，其陣容浩大，引起地上黃沙滾滾，魏兵兵分二路，向城下殺來。孔明見敵方軍容盛大，立刻下令把蜀軍的旗幟全數藏匿起來，各隊伍堅守崗位，如有任意行動或高聲言談的士兵，立即斬首。接著，孔明下令把四邊城門打開，並在門口安排二十位士兵，裝扮成百姓灑掃街道，就算魏軍兵臨城下，也不可輕舉妄動。被派去城門的士兵都非常害怕，然而孔明只淡淡的跟他們說：「丞相我自有妙策。」說畢，就身披鶴羽製成的外衣，頭戴青絲帶做成的頭巾，帶著兩個童子登樓，獨自坐在城樓上焚香操琴。

不久，司馬懿率領魏軍浩浩蕩蕩衝到城下，但見蜀營空無一人，孔明卻悠閒的坐在城頭上自在的彈琴，並且笑容可掬的看著司馬懿；司馬懿再觀察孔明周圍，四處都沒有勇猛的侍衛，只有兩個童子，一人捧劍，一人手執麈尾；除此之外，根本見不到嚴陣以待的蜀軍。面對這種詭異的情勢，司馬懿異常恐懼，經過片刻的考慮，便下令軍隊先行退兵。他的兒子司馬昭說：「莫非孔明沒有一兵一卒足以應戰，所以才故布疑陣呢？」司馬懿說：「孔明平生以小心謹慎著名，不會隨意讓自己陷入險境之中。如今城門大開，看似空虛，必定有所埋伏，我軍如果冒然進城，必中孔明的詭計，還是先行撤退為上策。」

孔明看見魏軍急速退去，拍掌而笑，說：「司馬懿認為我小心謹慎，一定不會鋌而走險，殊不知我就是料中他的心思，讓城中無守備，果真多疑的他隨即退兵了。」

眾將士看見孔明不費一兵一卒，就能使魏軍撤退，無不拜服、讚嘆孔明的神機妙算。

錦·囊·妙·計

一、孔明看到司馬懿率領大軍殺來城下，做了哪些舉動呢？

二、為什麼孔明除了要蜀兵打開城門，還獨自坐在城頭上焚香彈琴，讓司馬懿看到呢？

三、從這則故事中，你覺得司馬懿的性格如何？

隆中對策

一、如果敵軍將領換成其他人，你覺得孔明還會使用「空城計」嗎？為什麼？

二、為什麼孔明要使用「空城計」？如果你是孔明，你還有什麼其他有效擊退魏軍的計策呢？

三、請試著畫出孔明坐在城頭上的穿著。

●作文教室：續寫故事

續寫作文的能力是很重要的。如同大隊接力時，接續前位跑者的成果，使得整個團隊能得出好成績，寫作中的續寫，也是承接已有的故事內容，運用想像力編織出「缺少的情節」，因此，觀察作文段落中前因後果的相關部分是很重要的。

範例：

老師一次又一次的鼓勵我們再加把勁，每天盡力騰出時間陪我們練習。

續寫→經過一個月不斷的練習，最後我們班的躲避球賽得到了好成績。

◎牛刀小試

剛下過雨的天空出現了一道彩虹，人們稱讚彩虹很美麗，彩虹聽見後就驕傲了起來。白雲對彩虹說：「要不是太陽，也不會有你。」彩虹不相信，依然陶醉於自己的美麗……

續寫→……………………………………………………………

……………………………………………………………………

……………………………………………………………………

……………………………………………………………………

漫畫

孔明坐在城門上焚香操琴等待敵軍的到來……
父親，孔明沒有一兵一卒足以應戰，咱們趁現在進攻！
司馬昭
嗯……
司馬懿
不妥，孔明為人小心謹慎，現在看似無人，但如果我們隨意進城，必中孔明詭計。
我看還是先撤退吧！
早知道司馬懿生性多疑，必不敢進攻。
真不愧是軍師！
喲呼~~
軍師萬歲~~
喲呼~~

杞人憂天

想一想

俗語說：「天下本無事，庸人自擾之。」告誡我們有很多不必要的煩惱，都是自己胡思亂想產生的。想一想，日常生活中有什麼是自己真正該煩惱的？又有什麼令你擔憂的問題，其實是自己多慮了呢？

請聽我說

本故事改寫自《列子》其中一篇寓言。諷刺人們常為了無關緊要的繁瑣小事發愁，整天疑神疑鬼，徒增不必要的困擾。不僅如此，還被這些蠅頭瑣事纏擾，遺忘生命中更值得去追尋的真諦，和發憤忘食去把握的道理。閱讀故事之前，我們可以先理解廣大無邊的天空是如何構成的？為什麼天空會出現太陽、月亮和星星這些光芒耀眼的星體？它們距離地球多遠的距離呢？掌握這些知識，你就可以了解杞人所擔憂的事，是真的會發生，還是只是個愚笨的笑話？

選文

從前，杞國有一個膽子很小，又很愛胡思亂想的人，他常常思考一些不必要的問題，令眾人哭笑不得。有一天，他吃過晚餐，拿著一把大蒲扇，獨自在門前的涼椅上乘涼。這時，他又胡思亂想了起來：「假如高聳於雲端之上的天空突然崩塌下來，那全世界的人不就會死於非命？世上血流成河，無一生靈存活，真是太可怕了！」

這個異想天開的問題一直盤旋在他的腦海中，揮之不去，進而每天都食不下咽，寢食難安；不僅如此，他越想越害怕，越想越憂愁。他的朋友們見他終日為這無關緊要的問題煩心，雖然都搖頭不已，但基於情義的關懷，紛紛勸他說：「從古至今，天空一直高高在上，從沒崩塌下來過，而且如果真的塌下來，你也束手無策吧！不要再為這種無關緊要的事發愁了。」然而，無論朋友如何規勸他，他依然執拗不聽，依然為天會不會崩毀的問題而困擾，甚至變本加厲，擔心太陽與月亮都墜落下來，到時天地無光，世界一片漆黑！

日復一日，年復一年，杞人因為極度擔憂，使得自己頭髮蒼白；沉重的壓力更使他積憂成疾，終日臥病在床。然而，太陽依舊光耀大地，月亮仍然皎潔柔和，天空更沒有突然墜落讓地球毀滅；而杞人最後卻因為揮之不去的憂愁，在恐慌與懼怕之中死去了。

錦·囊·妙·計

一、杞人為了何事而煩惱呢？

二、如果你是杞人的朋友，你會以怎樣的方式開導他？

三、你認為天空有可能會崩塌下來嗎？為什麼？

隆中對策

一、反省一下，最近在煩惱的事情是無關緊要的小事，還是真正的難題呢？試著說出來讓朋友、家人知道，讓他們來評斷吧！

二、牛頓思考蘋果為什麼會從樹上落下來，而發現地心引力，同樣是思考看似無關緊要的問題，牛頓卻開啓了科學史上的重大里程。請問，牛頓與杞人最大的差異在哪裡？

三、請運用成語「杞人憂天」造個句子。

●修辭小學堂：擬聲詞（狀聲詞）

一般常見的擬聲詞大多用在動物界、自然界，也可以把擬聲詞運用在人或事物上，讓描寫的對象更具體鮮明！

範例：

杞人突然想到天空不知道會不會崩塌下來，而感到擔心不已。

→杞人突然「啊！」的慘叫一聲，他想到天空不知道會不會崩塌下來，而感到擔心不已。

◎牛刀小試

請試著加入狀聲詞，擴寫句子。

①下課後，我的肚子也餓了

→……………………………………………………………………

……………………………………………………………………

②這時，門鈴響了

→……………………………………………………………………

……………………………………………………………………

漫畫

各位！聽我說！
假如天空突然崩塌了，那大家都會死於非命，真是太可怕了。
杞人，你想太多了吧！
你們都不害怕嗎？
對啊！何必庸人自擾呢？
怎麼辦？天空如果掉下來了，該怎麼辦啊？
好恐怖啊~~~
先去天堂避難好了……

鍾家兄弟巧應答

想一想

「口無遮攔惹禍端」，所以適時說出得體合宜的言語，不僅可以化解場面的尷尬，保持氣氛融洽，更因為聰敏機智的回應，展現你的機智，讓人留下深刻印象。想一想，自己是否能在不同的場合，表現出合宜的應對進退呢？

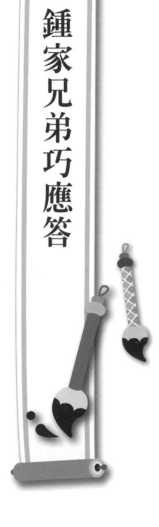

請聽我說

本故事改寫自南朝劉義慶所編著的《世說新語》，記敘漢朝名書法家鍾繇（音ㄧㄠˊ）的兩個兒子——鍾毓與鍾會，他們在小時候就以敏捷聰慧的反應，顯現出過人的才氣，兩兄弟面對魏文帝的質問，依憑他們的慧黠，各自給予不同的答案，卻同樣是巧妙的應答，和敬畏的態度。鍾家兄弟雖然身在戒慎恐懼的處境中，卻依然展現出快捷敏慧的風采，實在值得我們學習。

選文

鍾毓、鍾會兩兄弟，從小就因為聰慧靈巧、思慮敏捷，每每獲得大人的讚美。在他們十三歲的時候，魏文帝聽聞如此流傳的美譽，就下令他們的父親鍾繇帶兄弟倆來晉見。當鍾家兄弟參見皇帝的時候，哥哥鍾毓因為緊張而汗流滿面，魏文帝就問鍾毓說：「為什麼你臉上會冒汗呢？」鍾毓回答道：「因為太慌張恐懼了，所以汗水才會像水漿一樣不斷冒出來。」魏文帝轉而看了看鍾會，見他臉上一滴汗都未流，就問他說：「那你為什麼不會冒汗呢？」鍾會就回答道：「因為太慌張恐懼了，所以汗水怎樣都流不出來。」

錦·囊·妙·計

一、鍾毓晉見皇帝時，為什麼會冷汗直流呢？

二、鍾會晉見皇帝時，為什麼一滴汗都流不出來呢？

三、如果你是皇帝，看到臣下都對你非常恐懼，你會有什麼想法？

隆中對策

一、平常在面對師長或是長輩時，應該以什麼態度回應長輩們的問話呢？

二、面對緊張的處境時，你通常會用什麼方法消除緊張焦慮的感覺呢？

三、如果一個人很緊張的跟你說話，你會用怎樣的方式安撫他，讓他不再緊張呢？

妙筆生花

●作文教室：前後呼應法

寫作寫到最後一段時，有時早就忘了一開始想表達的重點，甚至還會出現虎頭蛇尾的窘境。因此，在文章結束時，記得讓結尾的文意與開頭相呼應，讓你的文章頭尾意義相連貫。

範例：

開頭：鍾毓、鍾會兩兄弟，從小就因為聰慧伶巧、思慮敏捷。→點明二人的聰穎。

結尾：以鍾毓回答道：「因為太慌張恐懼了，所以汗水才會像水漿一樣不斷冒出來。」和鍾會回答道：「因為太慌張恐懼了，所以汗水怎樣都流不出來。」→巧妙的以具體事件表現出兩人的機智！

◎牛刀小試

以「助人為快樂之本」為題，設計出相呼應的文章頭尾。

開頭：……………………………………………………………

……………………………………………………………………

結尾：……………………………………………………………

……………………………………………………………………

漫畫

為什麼你臉上會冒汗呢？
因為太慌張恐懼了，所以汗水才會像水漿一樣不斷冒出來。
那你為什麼不會冒汗呢？
因為太慌張恐懼了，所以汗水怎樣都流不出來。
哈哈！有趣有趣！
！

畫眉嘴

想一想

《聖經》說：「驕傲之後是毀滅，狂妄之後是墮落。」旨在告誡我們個性驕傲的人，心態上總有目中無人的缺陷，這缺陷終究會引來眾人的嫌惡。想一想，自己是否有因為過度驕傲自滿，而讓關心你的人逐漸疏離你的經驗呢？

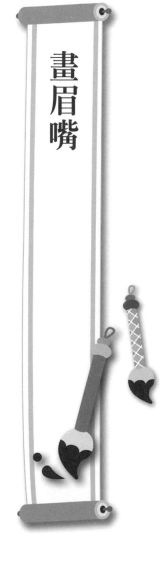

請聽我說

本故事改寫自《格林童話》，描述杜蘭朵公主從小生活在錦衣玉食的皇宮之中，受盡父皇與臣民的百般呵護，造成嬌生慣養的個性，更自恃天之驕子的身分，任意羞辱眾人。這驕縱蠻橫的個性，使她不僅隨意口出惡言，訕笑他人；也常以自我為中心，帶給周遭的人傷害。其中，因下巴長得有點彎曲尖長，而當眾被公主取笑為「畫眉嘴」的國王，雖飽受汙辱，但不希望見到公主渾然不覺的陷落在不能同情疾苦的驕傲中，便化身乞丐樂師，引領她親身經歷貧窮困苦。在這段艱困的日子裡，公主驚覺以前的自己是多麼的驕縱無理，任意給予別人屈辱創痛。慚愧布滿整個心頭，公主決定徹底改變自己，除了能自食其力的過著儉樸生活，更能謙卑的對待別人；「畫眉嘴」國王也因公主的改變，而現身迎娶。他帶給她的恩惠，不僅讓她重拾富裕美滿的人生，更引導她擺脫驕傲，構築一個健全的人格。

選文

從前有一個名叫杜蘭朵的公主，雖然長得很漂亮，但個性卻非常驕傲，常常任意的羞辱人。有一天，老國王下令舉辦盛大的宴會，並希望在宴會中為公主挑選才德兼備的如意郎君。因為公主的美貌遠近馳名，各國國王、公爵、侯爵、男爵與貴族都慕名參加這次的晚宴。

當公主被侍臣領著，從他們的身邊走過，她環視四周，覺得在場所有人都不能與她的美貌匹配；不僅如此，她還開始數落參與宴會的求婚者。第一個過胖的國王，她叫他：「飯桶！」第二個公爵太高了，她說：「你在踩高蹺啊？」第三個侯爵太矮，她就說：「矮冬瓜！」第四個男爵臉色蒼白，她又說：「大白天裝鬼，你想嚇死人是不是？」第五個臉色很紅，她就叫他：「紅龜！」第六個貴族有點駝背，她就說：「你是蝦子嗎？」直到她看到第七個人，他是一個勤政愛民的國王，但下巴生得有點彎曲，公主毫不客氣的說：「大家快看，他的下巴長得跟畫眉鳥一樣！」眾人的目光全都集中在那位善良國王的臉上，「還真是有幾分神似呢！」大家想著。從此，這個國王得到一個綽號，叫做「畫眉嘴」。

老國王看到杜蘭朵公主如此高不可攀的姿態，毫不留情的嘲笑在場所有的求婚者，雖然勉強在大庭廣眾之下壓抑自己的怒氣，卻暗自決定要把女兒嫁給乞丐。

過了幾天，王宮外出現一個沿街走唱的乞丐樂師，他站在街道旁，一邊演奏音樂，一邊討取施捨。國王聽到這消息，便命令侍衛帶他進宮，宣布：「你演奏的音樂美妙動人，有如天籟，我要把我的女兒許配給你。」坐在一旁的公主聽到後大吃一驚，哭著說道：「我寧願死，也不願嫁給渾身都是臭味的骯髒乞丐。」可是，君令如山，無法更改。這殘酷的旨意，在教堂牧師見證下，他們的婚姻成效了。

婚禮完畢，乞丐隨即將屬於他的公主帶離王宮。途中，他們經過一座遼遠深鬱的森林，公主問：「這座茂密的森林是誰的呢？」「這是畫眉嘴國王的。」乞丐回答道。公主聽了不禁懊悔的嘆了一口氣。不久，他們走過一片翠綠的草原，公主又問：「這一望無際的青翠草地是誰的呢？」「這也是畫眉嘴國王的。」乞丐回答。經過青山綠水，穿過人煙漸聚的市集，終於進入繁華熱鬧的大城市。公主還是忍不住想問：「這樣華美的城市是誰的呢？」「這還是屬於畫眉嘴國王的。」乞丐繼續說道：「如果當初你結婚的人是他而不是我，那剛剛所見的森林、草地和這座繁榮的城市就都屬於妳的了。」公主聽了暗自傷心，忍不住脫口而出說：「希望時間能倒流，回到那晚的宴會，這樣我就能夠嫁給畫眉嘴國王了。」乞丐默不作聲，只是領她到一條髒亂的巷子，那裡座立了一間簡陋又狹小的茅草屋。公主說：「天啊！這樣破舊不堪的爛房子是誰的啊？」樂師淡淡的說：「它正是妳和我一同居住的家，請進吧！」

從此，公主開始過著窮困貧苦的生活，她必須動手做所有的家事雜務，諸如洗衣掃地、砍柴燒飯、針線紡織，甚至飼養家禽，統統要一手包辦，原本嬌生慣養的公主開始變得勤勞樸實。然而，乞丐樂師似乎不滿這樣庸庸碌碌但依舊貧困的生活，他對公主說：「雖然妳辛苦的維持家計，但還是改善不了我們的生活，我看你還是到王宮應徵廚師的工作吧！」皇宮的廚師需要精深的烹飪技巧，公主不能勝任，只能在廚房做一位女僕，擔任廚師的助手，每天受到廚師的頤指氣使，做著粗重的工作，吃著殘餘的食物。她越來越自憐這悲淒的身世，並後悔自己當時驕縱的言行。

有一天，皇宮要為畫眉嘴國王舉行婚禮，可憐的公主禁不起好奇心，也跑去看熱鬧。皇宮大廳雕梁畫棟，金碧輝煌，與會的來賓絡繹不絕，身上的裝扮一個比一個華麗漂亮。看到如此的場景，公主不禁想起當初父王為她準備的宴會，再想到現今悲哀的處境，公主慚愧的反省自己：要不是以前的自己太過驕縱無禮，又何來今天的命運呢？

公主無法吃到美味豐盛的饗宴，只能回廚房找尋昨晚剩餘的晚餐。當公主轉身離去的時候，突然有人抓住她的手，說道：「美麗的公主，願意與我跳一支舞嗎？」受寵若驚的公主細看眼前的人，竟然是善良的畫眉嘴國王。公主想到之前對畫眉嘴國王的百般羞辱，國王卻不計前嫌，願意與她共舞，更加慚愧的想要逃跑，離開這典雅華麗卻不適合她這身貧窮的皇宮。然而，畫眉嘴國王緊緊抓住她的手，並和顏悅色的說著：「公主，妳不要感到害羞。其實我就是那個乞丐樂師，讓妳做粗重的工作與過著貧苦的日子，是為了要改除妳驕縱自大的壞毛病，而這些刻意的磨難，原都是因為我真心愛妳。」公主聽了更加慚愧，放聲大哭的說：「我這麼無知與驕傲，根本不配做你的妻子。」畫眉嘴國王說：「現在的妳謙虛又懂得反省自己，更在貧窮艱苦的日子中處之泰然，已經徹底改進妳原本的缺點了。所以別哭，讓我們在這晚宴上重新慶祝我們的婚禮吧！」

所有王宮的侍臣都圍繞在公主身旁，為公主換上雍容華貴的禮服。公主的父親也蒞臨現場，與這個國家的所有臣民一起向這對登對的佳偶獻上最誠摯的祝福。

錦·囊·妙·計

一、為什麼「畫眉嘴國王」會被稱為「畫眉嘴」呢？

二、「畫眉嘴國王」擁有的財產到底有哪些呢？請列舉出來。

三、「畫眉嘴國王」最後迎娶公主的原因是什麼？

隆中對策

一、你是否對自己感到自卑？讓你自卑的原因是什麼呢？當你了解自卑的原因，又該如何面對呢？

二、當你的缺點被人當眾提出，並且藉此羞辱你時，你作何感想？這時你會怎麼回應那個羞辱你的人呢？

三、如果身邊的朋友驕傲自大，你會怎麼開導他，讓他悔改呢？

●作文教室：動靜交織

當我們描寫景物時，巧妙的運用動靜交織的筆法，可以讓靜態的背景有了動態的生命靈動。

製造動態的方式很簡單，你可以以仔細描寫其中的變化，也可以添加聲音、動作或色彩，讓景物動起來。

範例：

乞丐帶著公主離開王宮，經過一座森林和一片草原。

→乞丐帶著公主離開王宮，他們走過一座遼遠深鬱的森林，聽見啾啾的鳥鳴聲；穿越一片翠綠的草原，見到翩翩飛舞的蝴蝶。

◎牛刀小試

清晨的公園，白茫茫的一片晨霧。

→ ……………………………………………………………………

………………………………………………………………………

………………………………………………………………………

………………………………………………………………………

漫畫

矮冬瓜！
你在踩高蹺啊！
飯桶！
唔！
唔！
唔！
蝦子……
紅龜！
嚇人！
你蝦子嗎？
你紅龜喔！
妳臉那麼白，想嚇人喔！
你下巴怎麼長得跟畫眉鳥一樣！
畫…畫眉鳥……
大家！別走啊！
我們走，真是個傲慢無禮的公主。

王藍田食雞子

想一想

「脾氣不好，心地再好也不能算是好人。」想一想，當一個人有著暴躁易怒的性格，他會不會因為急躁而誤事，甚至傷害周遭的親朋好友呢？

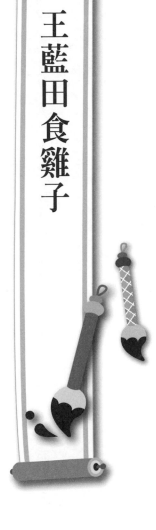

請聽我說

本故事出自於《世說新語》，故事的主角王藍田擁有急躁的個性，急躁到連蛋都挾不起來，無辜的蛋最後被王藍田狠狠咬碎，再忿恨的吐出來，好像與王藍田有不共戴天之仇似的，這種顯露急躁性格的故事，聽來不禁令人莞爾。一個心情容易浮動的人，在處理事務時，常不能冷靜分析事理而誤事，而衝動輕率的行為，往往落入「成事不足，敗事有餘」的結果。還不止於此呢！性格暴躁的人常因波動的情緒，殃及週遭的親朋好友，令他們漸漸疏離隨時爆發的火山，更讓自己永遠只能擁抱孤獨，不為人所接納。

選文

東晉時的王藍田，雖然事親至孝，但性情卻非常急躁。有一次他要吃雞蛋，以筷子嘗試把蛋刺起來，但試了幾次，總是讓蛋滑走，怎樣都刺不進。王藍田為此怒氣非常，便把那蛋用力丟到地上。出乎意料的是，那雞蛋卻沒有破掉，只是在地上翻滾不停；他看了更加生氣，就跳下坐榻，想用木屐的跟去踩它，卻沒踩到。王藍田勃然大怒，便從地上撿起雞蛋，放進嘴巴裡，咬牙切齒的奮力咬碎它，再吐出來。

當時的名書法家王羲之聽到這件事，就大笑著說：「假使王藍田的父親王安期有這樣的急躁個性，毫無修養，就算才幹優異，也沒什麼可取之處，更何況是王藍田呢？」

錦·囊·妙·計

一、王藍田最後是用什麼方式吃到那顆蛋？

二、為什麼王藍田最後吃到那顆蛋，又把它吐出來呢？

三、你覺得為什麼急切想要吃到蛋的王藍田，卻怎樣都吃不到蛋呢？

隆中對策

一、王羲之聽完王藍田的故事，便評論著：「這樣的急躁個性，毫無修養，就算才幹優異，也沒什麼可取之處。」請問，王羲之這句話的意義是什麼呢？

二、如果你是王藍田，用盡各種方法都還是吃不到蛋，這時你會怎麼做？

三、你認為性情易怒急躁的人，在處理事務時容易產生什麼後果呢？

●作文教室：如何描寫抽象的情緒？

描寫人物的情緒，可以讓文章中的角色更具有屬於他的個人色彩，但描寫抽象情緒的辭彙有限，該如何生動的表現出情緒的層次呢？

1. 譬喻法：王藍田想吃雞蛋卻吃不到，氣得有如火山爆發一樣大跳大叫。
2. 描寫身體的變化：王藍田想吃雞蛋卻吃不到，氣得臉紅脖子粗。
3. 描寫行為：王藍田想吃雞蛋卻吃不到，氣得把蛋用力擲在地上。

◎牛刀小試

換你試試看，在描寫開心時：

①譬喻法：…………………………………………………………

…………………………………………………………………………

②描寫身體的變化：………………………………………………

…………………………………………………………………………

③描寫行為：……………………………………………………

…………………………………………………………………………

漫畫

香爐案

想一想

「面對強大的敵人，只能智取，不能力敵。」遇到狡猾的敵人時，使用蠻力或守株待兔的方式是無法解決問題的，唯有運用聰明的智慧，才能解決問題。

請聽我說

本故事選自《神探阿凡提》，故事中的阿凡提是智勇雙全的神探，因此當鋪掌櫃阿財遇到歹徒詐騙時，馬上想到向阿凡提求助，阿凡提了解這個騙賊用盡心機，必定十分狡猾，想用一般的抓賊方式是治不了他的，於是他運用對方心理的弱點，設計一場「詐賊計」，騙賊果然落入阿凡提的圈套中，順利將他繩之以法。這樣的好方法不需要大費警力，而被騙的錢也順利找回來了，真是一舉數得！

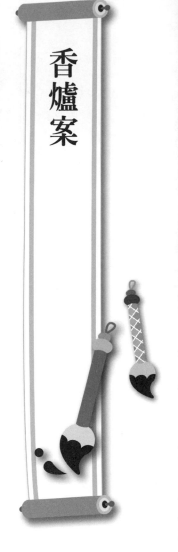

選文

某天，名偵探阿凡提在街上閒逛時，一位男子突然跑到他面前跪下，哭著請求他的幫助，阿凡提連忙扶他起來請他好好說，這位男子重重磕了兩個頭，才爬起來說道：「我叫阿財，是大元當鋪的掌櫃。一個月前，一個中年人來向我典當三對古色古香的銀香爐，我沒有發現這是假骨董，跟他討價還價後給了他八百銀兩，事後才發現這三對銀香爐根本不是什麼骨董，也不是銀做的。這個傢伙詐騙得手，錢肯定拿不回來了，現在……現在叫我該怎麼賠這八百銀兩啊？」說著，眼淚又掉下來了。

阿凡提安慰他幾句後，心想：「這個傢伙這次得手，下次一定還會再犯。如果不除掉他，以後肯定還會有人再受騙，我得想個辦法好好治他！」

過了兩天，大元當鋪外擠滿一群圍觀的人，眾人都在議論紛紛。原來他們看到布告欄上貼出一張公告，說昨天夜裡大元當鋪的倉庫被幾個膽大妄為的小偷炸開一個大洞，倉庫裡的財物全被偷竊一空。大元當鋪為了補償典當者的損失，凡曾來大元當鋪典當物品者，在十日內憑著當票，可以領取原估價金額的一半價格作為賠償。

看到公告後，這些有拿物品去大元當鋪典當的人，紛紛拿著當票去兌錢。而拿假香爐詐騙的歹徒也看到了這個公告，心想：如今當鋪的倉庫遭竊，那麼成為證據的假香爐一定也被偷了，證據已失就不用怕被揭穿。於是他看著手上的當票，又起了歹念，急急忙忙的趕到當鋪，打算再海撈一筆！

當歹徒在人群中排隊等著兌換，阿財早就在一旁冷眼相看，因此輪到歹徒走向櫃檯時，阿財馬上向夥計使個眼色，夥計立刻緊緊抓住歹徒的手不放，而在一旁埋伏已久的警察這時也一窩蜂的衝上前抓賊，人贓俱獲的歹徒知道自己插翅難飛，只好乖乖就範。

事後，大元當鋪高興的向阿凡提道謝，也給他優厚的金幣當謝禮。多虧阿凡提運用智謀，才能順利抓到這個狡猾的詐騙犯！

錦·囊·妙·計

一、歹徒是用什麼方式騙了阿財？

二、阿凡提設計了什麼騙局，引誘歹徒再次回到大元當鋪？

三、為什麼歹徒會上了阿凡提的當呢？

隆中對策

一、你認為阿凡提抓住歹徒什麼樣的心理，而設計了這次抓賊計？

二、如果是你遇到詐騙事件，你會怎麼處理？

三、有了阿凡提的好妙計，事情便能輕鬆解決，從中你學習到什麼道理？

●**作文教室：心境描寫**

寫作時，偶爾穿插一段敘述者內心的真正想法，不但能讓敘述者真實的心聲被強調出來，還能主導全篇文章發展的走向，讓文章中的人物活化起來，使讀者讀起來充滿趣味！

範例：

阿凡提安慰他幾句後，心想：「這個傢伙這次得手，下次一定還會再犯。如果不除掉他，以後肯定還會有人再受騙，我得要想個辦法好好治他！」

◎牛刀小試

當我發現我的書包被打開後，……………………………

……………………………………………………………

……………………………………………………………

……………………………………………………………

……………………………………………………………

漫畫

！
我是大元當鋪的掌櫃，我被騙了，請幫忙想想辦法！
兩天後……
只有十日喔，請大家把握時間！
公告
當鋪倉庫內的典當物遭竊，即日起十日內，賠償典當人的財物損失。
我要乘機再撈一筆，應該不會被發現吧！
當鋪
你…你們要做什麼？
！
他就是小偷，快抓住他！

朝三暮四

想一想

「聰明一世，懵懂一時。」聰明的人也有糊塗疏忽的時候，尤其在忙亂中最容易出差錯。所以，當我們身處危險之中，更需要保持冷靜，不可自以為是。不然，可能聰明反被聰明誤，犯了大錯。

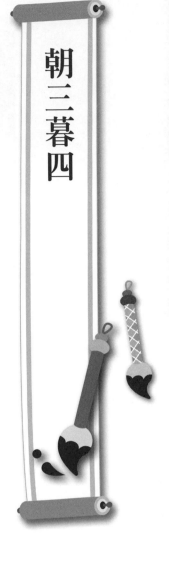

請聽我說

本故事選自《莊子》一書。事實上，「朝三暮四」和「朝四暮三」的差別，只是在早上和傍晚時改變給猴子食物的數量，但猴子卻自以為是的滿足了。戰國時代哲學家莊子用這則寓言，點出了我們平時可能會在不自覺的情況下，以「自以為是」的眼光衡量事理，而未能做出正確的判斷。有時候，一般人對事情的看法就像「朝三暮四」和「朝四暮三」一樣，沒有清楚的固定標準。後來，這則寓言演變成「朝三暮四」這句成語，用來比喻人們心意不定、反覆無常，或事物變化無定。

選文

戰國時候，宋國有個狙公，他在家裡的院子養了許多猴子，日子一久，狙公和猴子竟然能溝通說話了。狙公每天早晚都分別給每隻猴子四顆栗子，幾年之後，狙公的積蓄眼看就快要花完了，於是他就和猴子們商量：「今天開始，我每天早上給你們三顆栗子，晚上還是照常給四顆栗子，不知你們是否同意呢？」猴子一聽要減少他們的食物，一個個又跳又叫的大吵大鬧，好像很不樂意似的。狙公一看，連忙改口說：「那麼我早上給你們四顆，晚上再給三顆，這總該可以了吧？」猴子聽到早上的栗子要增加，以為一切照常，就高興的在地上翻滾起來。

錦·囊·妙·計

一、狙公為什麼要改變給猴子的食物數量？

二、狙公跟猴子說了些什麼，讓猴子那麼生氣？

三、狙公後來改口說了什麼，猴子聽到後便開心的翻滾起來了？

隆中對策

一、莊子要人們不要輕易被話語所迷惑，試著想想社會上的詐騙集團總會用什麼話語來欺騙被害人？

二、你認為猴子沒發現「朝三暮四」和「朝四暮三」都是同樣的事情，最根本的原因是什麼？

●數字成語接龍

想想看有哪些數字成語呢？讓我們把它們連接成數字成語接龍吧！

範例：一石二鳥→朝三暮四→五臟六腑……

◎牛刀小試

一心二用 → ____ →

____ → ____ →

____ → ____ →

____ → ____ →

____

漫畫

吱！
吱吱！
大家今天看起來都很有精神嘛！
吱！
吱吱！
啊……快沒錢了……
吱吱吱！！
吱~~~~~！
以後早上改發三個栗子，晚上一樣四個栗子好嗎？
吱吱！
要不改成早上四個，晚上三個吧！
吱！
吱！
吱！

大重點·小整理

篇名	晏子使楚	名落孫山
導讀重點	單從外貌判斷一個人的好壞優劣，不僅會遺漏這個人的其他特質，並透露出自己的淺薄無知。	人與人相處之間，要常說好話、做好事，而遇到尷尬的窘境時，要避免口出惡言，不傷害到他人。
閱讀提問	1. 為什麼楚人只開放小門讓晏子進入呢？ 2. 如果你是晏子，當別人當眾羞辱你時，你會怎麼做呢？ 3. 如果你是楚王，當晏子運用機智來回應你輕蔑的羞辱時，你會做何感想？ 1. 你會按照外貌去評斷一個人的價值嗎？如果不會，我們又應該以什麼標準來評論一個人呢？ 2. 從這則故事中，哪裡可以看出晏子具有外交官的特質呢？ 3. 你會因外貌上的缺陷而自卑嗎？讀完〈晏子使楚〉的故事，你有什麼感想？	1. 為什麼孫山會擁有「滑稽才子」的稱號？ 2. 「名落孫山」是考試落榜的意思，請問孫山究竟有沒有上榜呢？說一說此成語的典故。 3. 孫山為什麼要用風趣幽默的委婉口語，說出鄉人之子落榜的消息呢？ 1. 如果孫山直接說出朋友的兒子不僅輸給孫山，且失敗落榜的事實，朋友的心裡會作何感想呢？ 2. 如果你要向朋友陳述一件令他感到遺憾的事實，你會怎麼做呢？ 3. 請運用成語「名落孫山」造一個句子。
閱讀層次	直接提取訊息 推論	理解分析 歸納
寫作層次	擬定記敘文的大綱	正確分段
寫作練習	1. 按時間先後：先發生的事情寫在前面，後發生的事情寫在後面。以「教室裡的一天」為例，就以「早晨」、「中午」、「放學」的活動作為文章發展的次序。 2. 以事情過程：一件事情的發生，按照「原因」、「過程」、「結果」的次第進行。以此方式訂大綱，最四平八穩，再加上一段感想或影響，全文就不會遺漏任何重點。 3. 重點前置法：從最精采的地方下筆。例如：寫風景從最漂亮的地方開始寫起，再鋪陳其他景色。	介紹景點，可以依地點、時間、景物來分段。 介紹物品，可以依物品的外觀、來源、功用來分段。 描述一件事情，可以依原因、過程、結果來分段。 每一段落不僅要完整表達段旨，還要跟全文的中心思想緊扣連結，如此文章便不會支離破碎。

大重點．小整理

篇名	杯弓蛇影	老鼠娶親
導讀重點	人們常常因為自我的心理因素而產生不必要的驚疑恐懼。然而，我們不小心陷入「庸人自擾」這種不合理的情緒時，必須找出恐懼的來源，然後設法克服它。	好高騖遠的人常因為空有夢想，卻不衡量自己的實力程度，以至於強求的結果常常令他們大失所望。
閱讀提問	1. 為什麼杜宣的杯子裡面會有蛇呢？ 2. 為什麼應郴要再次在同一個地方宴請杜宣喝酒呢？ 3. 杜宣明明沒喝下蛇，為什麼還會感到肚子痛，甚至日漸虛弱呢？ 1. 請問你是否有過為不存在的事情而妄自煩惱的經驗呢？ 2. 水中所顯現的影像與鏡子所顯現的影像有何不一樣？請敘述出來。 3. 請運用成語「杯弓蛇影」造一個句子。	1. 請把老鼠國王的新郎人選依序排出來。 2. 公主珊珊喜歡貓王子波波的原因是什麼呢？ 3. 請問貓、太陽、雲、風或是牆不接受珊珊公主的原因是什麼？ 1. 為何國王最後決定將女兒嫁給老鼠？ 2. 你認為「門當戶對」這個觀念是對的嗎？為什麼？ 3. 有理想目標是激勵人心的好事，但是如果空有遙遠的目標，卻不清楚自己的實力，又妄自強求，那結果會是如何呢？
閱讀層次	理解評論	直接提取訊息 評論
寫作層次	引用法	倒反法
寫作練習	引用別人的文章、詩句、詞句時，一定不能弄錯其真正的意涵。引用之後，最好深入說明其中的意義，或表達自己的感想，如此才能將引用的材料，表現得靈活、生動。 範例： 「欲窮千里目，更上一層樓」，我們在校求學，要時時提醒自己，每天都要不斷進步。	故意說出與真正意思相反的話，用相反的話語激迫別人。相較於直白的敘述方式，會讓語句更加有趣。 範例： 你真大方啊！連一塊錢都捨不得捐給他。

大重點・小整理

篇名	虎怕漏	拿飯匙抵貓
導讀重點	一開始就對未知的事物心生畏懼，而不敢探索，就只能停留於茫然無知的空白當中，無法擴展自己的視野。	面對別人的陰謀詭計時，能用巧妙靈活的回應方式，讓陰謀詭計落空，甚至讓惡人嘗到苦果。
閱讀提問	1. 請問故事中的「漏」是什麼呢？ 2. 母虎嘗試用什麼方法，將小牛犢趕出破廟呢？ 3. 為什麼牛販會說他很怕「漏」呢？	1. 壞心商人指控愛心先生的理由是什麼？你覺得他的理由充分嗎？ 2. 愛心先生反擊壞心商人的方法是什麼呢？ 3. 為什麼壞心商人要平白無故誣賴愛心先生呢？
	1. 為什麼老虎母子會對「漏」心驚膽跳呢？ 2. 如果你是老虎，在不清楚「漏」是何物，又害怕「漏」威脅自己生命的情況下，你會怎麼辦？ 3. 當你遇到未知的事物，你會用什麼心態去面對令你感到陌生的事物呢？	1. 如果你是愛心先生，你會用什麼方法反抗壞心商人的惡意指控呢？ 2. 你覺得壞心商人得到應有的報應了嗎？為什麼？ 3. 請省思一下「害人之心不可有，防人之心不可無」的意義。
閱讀層次	理解分析	直接提取訊息 評論
寫作層次	象徵法	由描寫人物外型表現人的個性
寫作練習	象徵法是以具體的事物或形象，表現抽象概念的一種修辭。簡單的說，象徵法就是用看得見的東西，來表達看不見的東西。在「詩」這種文體中最常用到象徵的筆法來寫作。 範例： 她的笑容溫暖了我。 象徵法：她臉上的太陽融化我心中的寒冰。 ↓以「太陽」象徵「溫暖的笑容」。 ↓以「寒冰」象徵「心中的冷漠」。	所謂「像由心生」，一個人的外在形象可以表現出這個人的內心世界，因此描寫人的其中一種方法，是針對人的身體各項細部仔細描寫，來凸顯出此人的個性。 範例： 眼前這位男子眼皮下垂，空洞的眼神環顧四周，不發一語，他永遠穿著那件棕色的外套和黑色的皮鞋，然而外套的袖口已有些磨損，皮鞋表面也早已充滿了刮痕。 ↓不修邊幅、無精打采、歷經滄桑等等個性。

大重點．小整理

篇名	小貓不工作	傻小子貝里科
導讀重點	當朋友犯錯時，利用較為宛轉的方法，在朋友不被傷害的情況下，引導他們改過。	做任何事前，都應該規劃出詳細的方針，如果我們粗心大意，冒然做事，不僅得到失敗後果，甚至闖下一發不可收拾大禍。
閱讀提問	1. 愛紗為什麼可以擺出有恃無恐的姿態，就算好吃懶做也不怕被蓮見責備？ 2. 蓮見說：「我每天工作到這麼晚，家事不交給斑比，請問要誰來做呢？」請問這句話中的「誰」指的是哪個人呢？ 3. 讀完這則故事，你覺得蓮見究竟有沒有責備愛紗呢？ 1. 蓮見為什麼要使用「指桑罵槐」的計謀，來矯正愛紗的過錯？ 2. 如果你是愛紗，對於蓮見的行為有何感想呢？ 3. 當一個人能自動自發的改過，是否比強迫接受責難而改善好上許多呢？為什麼？	1. 為什麼貝里科會被大家戲稱為「熱情笨小子」呢？ 2. 同樣曝晒於外頭，為什麼松脂需要潑水而糖卻不需要呢？ 3. 你覺得貝里科為什麼常常把事情搞砸呢？ 1. 老婆婆雖然非常感激貝里科救她一命，為什麼到最後卻無法忍受他的幫忙呢？ 2. 如果你是善良熱心的貝里科，該怎麼繼續保持熱誠的好德行，又讓大家對你的幫助感恩在心呢？ 3. 如果你有一個熱心關懷別人的朋友，做事情卻莽莽撞撞，常常做出許多傻事，請問你該怎麼規勸他呢？
閱讀層次	分析歸納	分析歸納 推論
寫作層次	豐富的辭彙	主次分明
寫作練習	學生寫作時，往往會使用一些概念化的字詞來表達文意，如：開心、高興等等來表達愉悅的心情。懂得運用豐富的辭彙，並且掌握辭彙的確切意義、應用對象或範圍、辭彙的感情色彩或程度輕重，便能輕鬆寫出一篇跳脫一般平庸文字的文章了。 範例： 蓮見有一個「想法」，希望「有一天」愛紗能主動做家事。 →蓮見有一個「夢想」，希望愛紗「未來」能主動把家裡整理得有條不紊。	文章要表現出主次分明，便是在主要段落描寫文章的「主要事件」。為了凸顯主要事件的重要，還需要用「次要事件」補充說明，使層次分明，不失主題的焦點。 範例：〈傻小子貝里科〉中要表現貝里科的傻。 主要事件：貝里科要走失的豬自己走回家、把松脂緊緊抱在懷裡等事件。 次要事件：貝里科住在美國曼菲斯的鄉下小村莊中。

大重點．小整理

篇名	宋定伯賣鬼	大明湖遊記
導讀重點	如果我們不能隨時警惕自己謹慎行事，防微杜漸，依舊輕忽周遭的細節，任意為之，則禍難突然降臨也不足為奇。	劉鶚運用旁觀的描述方式，讓讀者隨著老殘一起身歷其境，體驗奇麗風光的趣味。
閱讀提問	1. 故事中的鬼最害怕什麼東西呢？ 2. 鬼和宋定伯以何種方式去宛市呢？ 3. 為什麼宋定伯渡水時會發出劇烈的聲響，鬼卻不會呢？ 1.「定伯賣鬼，得錢千五。」這句話是什麼意思呢？ 2. 如果你是鬼，發現宋定伯的行為舉止很怪異，不像是一隻鬼該有的樣子，你會怎麼做呢？ 3. 鬼對待宋定伯，可說是一片摯誠，為什麼宋定伯還要害他，使他一世不成「鬼」形呢？	1. 請問老殘的職業是什麼呢？ 2. 老殘各是運用何種方式抵達濟南府、小布政司街、鵲華橋、鐵公祠的呢？ 3. 為何鐵公祠香火鼎盛？ 1. 老殘從鵲華橋坐船行經哪些景點之後再回到鵲華橋呢？ 2. 故事中，有個文人雅士在鐵公祠的柱子上寫了一副對聯，讚美周圍的景色。請問對聯的意思是什麼呢？ 3. 老殘是在什麼季節遊大明湖呢？從哪些景物可以看出是什麼季節前去，請寫出來。
閱讀層次	評論	理解推論
寫作層次	對話法	遊記的寫作要點
寫作練習	在文章中套用一部分的人物對話，可以凸顯主題，將主旨表現出來，更有使文章生動又活潑的效果！ 範例： 宋定伯想確認他的身分，大膽的問：「你是誰？」鬼說：「我是鬼啊！」那個鬼反問定伯：「那你又是誰啊？」宋定伯害怕鬼發現他是人的事實，便欺騙鬼說：「我也是鬼啊！」鬼聽了很高興，以為交到一位新朋友，便想與他結伴同行。 ↓簡單的對話交代了宋定伯遇到鬼的情況。	關於遊記的文章，在主題上常以描寫自然山水或名勝古蹟為主，因此寫作時，描寫目的地的空間是靜態的，而場景的推移，則要是動態的；文末應該要包括作者的感想，成為全篇遊記的主旨所在。

大重點．小整理

篇名	大樹作證	空城計
導讀重點	過度貪婪而企圖侵占他人的金銀財寶，就算自認有周全計畫，但百密一疏，最後仍會因為小破綻而被他人拆穿的！	衡量自己的能力，且測度敵人的實力，再經過完整的評析後，規劃出迎戰的策略，就很有機會取得最後的勝利。
閱讀提問	1. 佟作富出遠門朝聖的前夕，在大樹下請何烏華幫忙什麼事情？ 2. 何烏華受到佟作富的委託後，起了什麼念頭？ 3. 佟作富去找何烏華拿鐵盒時，兩人為什麼起了爭執？ 4. 阿凡提如何運用「樹證人」讓何烏華露出馬腳，最後不得不承認他犯下的錯？ 1. 如果是你面對一大筆金錢的誘惑，應該要怎麼穩住自己的心不動搖？ 2. 如果你是佟作富，面對何烏華的背叛你會怎麼辦？ 3. 如果你身邊有一大筆錢財，卻臨時需要出遠門，那麼你會怎麼做？	1. 孔明看到司馬懿率領大軍殺來城下，做了哪些舉動呢？ 2. 為什麼孔明除了要蜀兵打開城門，還獨自坐在城頭上焚香彈琴，讓司馬懿看到呢？ 3. 從這則故事中，你覺得司馬懿的性格如何？ 1. 如果敵軍將領換成其他人，你覺得孔明還會使用「空城計」嗎？為什麼？ 2. 為什麼孔明要使用「空城計」？如果你是孔明，你還有什麼其他有效擊退魏軍的計策呢？ 3. 請試著畫出孔明坐在城頭上的穿著。
閱讀層次	理解 分析	分析歸納 評論
寫作層次	對比法	續寫故事
寫作練習	把對立的意思或事物，或把事物的兩個方面放在一起作比較，讓讀者在比較中分清好壞、辨別是非。這種手法可以突出好與壞、善與惡、美與醜的對立，給人極鮮明的形象和極強烈的感受。 範例： 佟作富和何烏華兩人大聲爭執不休，而阿凡提站在一旁沉默不語。	續寫作文的能力是很重要的。如同大隊接力時，接續前位跑者的成果，使得整個團隊能得出好成績，寫作中的續寫，也是承接已有的故事內容，運用想像力編織出「缺少的情節」，因此，觀察作文段落中前因後果的相關部分是很重要的。 範例： 老師一次又一次的鼓勵我們再加把勁，每天盡力騰出時間陪我們練習。 續寫→經過一個月不斷的練習，最後我們班的躲避球賽得到了好成績。

大重點．小整理

篇名	杞人憂天	鍾家兄弟巧應答
導讀重點	人們常為了無關緊要的繁瑣小事發愁，徒增不必要的困擾，遺忘生命中更值得去追尋的真諦。	適時說出得體合宜的言語，不僅可以化解場面的尷尬，保持氣氛融洽，更因為聰敏機智的回應，展現你的機智，讓人留下深刻印象。
閱讀提問	1. 杞人為了何事而煩惱呢？ 2. 如果你是杞人的朋友，你會以怎樣的方式開導他？ 3. 你認為天空有可能會崩塌下來嗎？為什麼？ 1. 反省一下，最近在煩惱的事情是無關緊要的小事，還是真正的難題呢？試著說出來讓朋友、家人知道，讓他們來評斷吧！ 2. 牛頓思考蘋果為什麼會從樹上落下來，而發現地心引力，同樣是思考看似無關緊要的問題，牛頓卻開啓了科學史上的重大里程。請問，牛頓與杞人最大的差異在哪裡？ 3. 請運用成語「杞人憂天」造個句子。	1. 鍾毓晉見皇帝時，為什麼會冷汗直流呢？ 2. 鍾會晉見皇帝時，為什麼一滴汗都流不出來呢？ 3. 如果你是皇帝，看到臣下都對你非常恐懼，你會有什麼想法？ 1. 平常在面對師長或是長輩時，應該以什麼態度回應長輩們的問話呢？ 2. 面對緊張的處境時，你通常會用什麼方法消除緊張焦慮的感覺呢？ 3. 如果一個人很緊張的跟你說話，你會用怎樣的方式安撫他，讓他不再緊張呢？
閱讀層次	理解推論	分析推論 評論
寫作層次	擬聲詞	前後呼應法
寫作練習	一般常見的擬聲詞大多用在動物界、自然界，也可以把擬聲詞運用在人或事物上，讓描寫的對象更具體鮮明！ 範例： 杞人突然想到天空不知道會不會崩塌下來，而感到擔心不已。 ↓杞人突然「啊！」的慘叫一聲，他想到天空不知道會不會崩塌下來，而感到擔心不已。	寫作寫到最後一段時，有時早就忘了一開始想表達的重點，甚至還會出現虎頭蛇尾的窘境。因此，在文章結束時，記得讓結尾的文意與開頭相呼應，讓你的文章頭尾意義相連貫。 範例： 開頭：鍾毓、鍾會兩兄弟，從小就因為聰慧伶巧、思慮敏捷。↓點明二人的聰穎。 結尾：以鍾毓回答道：「因為太慌張恐懼了，所以汗水才會像水漿一樣不斷冒出來。」和鍾會回答道：「因為太慌張恐懼了，所以汗水怎樣都流不出來。」↓巧妙的以具體事件表現出兩人的機智！

大重點・小整理

篇名	畫眉嘴	王藍田食雞子
導讀重點	個性驕傲的人，心態上總有目中無人的缺陷，這缺陷終究會引來眾人的嫌惡。	性格暴躁的人常因波動的情緒，殃及週遭的親朋好友，令他們漸漸疏離隨時爆發的火山，更讓自己永遠只能擁抱孤獨，不為人所接納。
閱讀提問	1. 為什麼「畫眉嘴國王」會被稱為「畫眉嘴」呢？ 2. 「畫眉嘴國王」擁有的財產到底有哪些呢？請列舉出來。 3. 「畫眉嘴國王」最後迎娶公主的原因是什麼？	1. 王藍田最後是用什麼方式吃到那顆蛋？ 2. 為什麼王藍田最後吃到那顆蛋，又把它吐出來呢？ 3. 你覺得為什麼急切想要吃到蛋的王藍田，卻怎樣都吃不到蛋呢？
	1. 你是否對自己感到自卑？讓你自卑的原因是什麼呢？當你了解自卑的原因，又該如何面對呢？ 2. 當你的缺點被人當眾提出，並且藉此羞辱你時，你作何感想？這時你會怎麼回應那個羞辱你的人呢？ 3. 如果身邊的朋友驕傲自大，你會怎麼開導他，讓他悔改呢？	1. 王羲之聽完王藍田的故事，便評論著：「這樣的急躁個性，毫無修養，就算才幹優異，也沒什麼可取之處。」請問，王羲之這句話的意義是什麼呢？ 2. 如果你是王藍田，用盡各種方法都還是吃不到蛋，這時你會怎麼做？ 3. 你認為性情易怒急躁的人，在處理事務時容易產生什麼後果呢？
閱讀層次	理解推論	理解歸納 推論評論
寫作層次	動靜交織	如何描寫抽象的情緒
寫作練習	當我們描寫景物時，巧妙的運用動靜交織的筆法，可以讓靜態的背景有了動態的生命靈動。製造動態的方式很簡單，你可以以仔細描寫其中的變化加，也可以添加聲音、動作或色彩，讓景物動起來。 範例： 乞丐帶著公主離開王宮，經過一座森林和一片草原。 ↓乞丐帶著公主離開王宮，他們走過一座遼遠深鬱的森林，聽見啾啾的鳥鳴聲；穿越一片翠綠的草原，見到翩翩飛舞的蝴蝶。	描寫人物的情緒，可以讓文章中的角色更具有屬於他的個人色彩，但描寫抽象情緒的辭彙有限，該如何生動的表現出情緒的層次呢？ 1. 譬喻法：王藍田想吃雞蛋卻吃不到，氣得有如火山爆發一樣大跳大叫。 2. 描寫身體的變化：王藍田想吃雞蛋卻吃不到，氣得臉紅脖子粗。 3. 描寫行為：王藍田想吃雞蛋卻吃不到，氣得把蛋用力擲在地上。

大重點．小整理

篇名	香爐案	朝三暮四
導讀重點	遇到狡猾的敵人時，使用蠻力或守株待兔的方式是無法解決問題的，唯有運用聰明的智慧，才能解決問題。	我們平時可能會在不自覺的情況下，以「自以為是」的眼光衡量事理，而未能做出正確的判斷。
閱讀提問	1.歹徒是用什麼方式騙了阿財？ 2.阿凡提設計了什麼騙局，引誘歹徒再次回到大元當鋪？ 3.為什麼歹徒會上了阿凡提的當呢？	1.狙公為什麼要改變給猴子的食物數量？ 2.狙公跟猴子說了些什麼，讓猴子那麼生氣？ 3.狙公後來改口說了什麼，猴子聽到後便開心的翻滾起來了？
	1.你認為阿凡提抓住歹徒什麼樣的心理，而設計了這次抓賊計？ 2.如果是你遇到詐騙事件，你會怎麼處理？ 3.有了阿凡提的好妙計，事情便能輕鬆解決，從中你學習到什麼道理？	1.莊子要人們不要輕易被話語所迷惑，試著想想社會上的詐騙集團總會用什麼話語來欺騙被害人？ 2.你認為猴子沒發現「朝三暮四」和「朝四暮三」都是同樣的事情，最根本的原因是什麼？
閱讀層次	直接提取訊息 推論	理解 歸納 批判思考
寫作層次	心境描寫	數字成語接龍
寫作練習	寫作時，偶爾穿插一段敘述者內心的真正想法，不但能讓敘述者真實的心聲被強調出來，還能主導全篇文章發展的走向，讓文章中的人物活化起來，使讀者讀起來充滿趣味！ 範例： 阿凡提安慰他幾句後，心想：「這個傢伙這次得手，下次一定還會再犯。如果不除掉他，以後肯定還會有人再受騙，我得要想個辦法好好治他！」	想想看有哪些數字成語呢？讓我們把它們連接成數字成語接龍吧！ 範例：一石二鳥→朝三暮四→五臟六腑……

認識這本書的編著者

吳淑芳

國立臺灣師範大學社會教育研究所（四十學分班）、國立臺北師範學院輔導教學碩士。九十二～九十九年期間曾任新北市國民教育國語文輔導團召集人。

現任：新北市新店區新店國小校長、新北市提升國小學生國語文能力教師增能組召集人、國立臺北教育大學兼任講師。

吳惠花

國立臺北教育大學語文與創作教學碩士。曾任新北市國語文輔導團專任輔導員、國立臺北教育大學作文師培中心講師、國立編譯館國語文國小教科書審查委員（二〇〇六～二〇一〇）。

現任：新北市鄧公國小教師兼教務主任、教育部國語文領域課程與教學諮詢教師。

忻詩婷

國立新竹師範學院語文教育系、臺北市立教育大學應用語言文學研究所碩士肄業。曾任新北市國民教育國語文輔導團深耕輔導員。

現任：新北市永和區頂溪國小輔導主任。

認識這本書的漫畫家

古氏

從小喜歡漫畫，最初接觸的漫畫是哆啦A夢。漫畫之所以動人，不僅是題材多元，就算語言不通，也能透過看圖說故事，了解作者想要傳達的意念。因而在求學過程中，每到上課到無聊之際，便會開始塗鴉，因而就這樣愛上了畫圖，真是個很奇妙的過程。

中小學生必讀的趣味故事

2012年8月初版
2018年4月初版第三刷
定價：新臺幣220元

編著	吳淑芳
	吳惠花
	忻詩婷
繪者	古氏
叢書主編	黃惠鈴
編輯	張倍菁
校對	趙蓓芬
整體設計	蕭玉蘋

出版者	聯經出版事業股份有限公司
地址	新北市汐止區大同路一段369號1樓
編輯部地址	新北市汐止區大同路一段369號1樓
叢書主編電話	(02)86925588轉5312
台北聯經書房	台北市新生南路三段94號
電話	(02)23620308
台中分公司	台中市北區崇德路一段198號
暨門市電話	(04)22312023
郵政劃撥帳戶第	0100559-3號
郵撥電話	(02)23620308
印刷者	世和印製企業有限公司
總經銷	聯合發行股份有限公司
發行所	新北市新店區寶橋路235巷6弄6號2F
電話	(02)29178022

總編輯	胡金倫
總經理	陳芝宇
社長	羅國俊
發行人	林載爵

行政院新聞局出版事業登記證局版臺業字第0130號

本書如有缺頁，破損，倒裝請寄回台北聯經書房更換。 ISBN 978-957-08-4041-4 (平裝)
聯經網址 http://www.linkingbooks.com.tw
電子信箱 e-mail:linking@udngroup.com

國家圖書館出版品預行編目資料

中小學生必讀的趣味故事／吳淑芳、吳惠花、忻詩婷編著．初版．臺北市．聯經．2012年8月．176面．17×23公分
ISBN 978-957-08-4041-4（平裝）
[2018年4月初版第三刷]

1.生命教育 2.中小學教育 3.兒童讀物
4.青少年讀物

523.35 101014933